U0739766

— 郝若尘 —

2015 年瑞典 Seaborg SIYSS 奖
此奖为全世界中学生可获得最高学术荣誉，可参加诺贝尔奖颁奖仪式等相关活动

图书在版编目（CIP）数据

少数派青春 / 蒋明倬, 马磊著. — 北京：北京联合出版公司, 2017.5

ISBN 978-7-5596-0087-5

Ⅰ.①少… Ⅱ.①蒋… ②马… Ⅲ.①模范学生—先进事迹—中国—现代 Ⅳ.①K828.4

中国版本图书馆CIP数据核字(2017)第079560号

少数派青春

作　　者：蒋明倬　马磊
选题策划：北京博雅广华文化传媒有限公司
责任编辑：徐　鹏
特约编辑：赵翠翠
封面设计：水玉银文化

北京联合出版公司出版
（北京市西城区德外大街 83 号楼 9 层　100088）
北京市平谷县早立印刷厂印刷　　新华书店经销
字数 113 千字　　880 毫米 × 1230 毫米　　1 / 32　　6 印张
2017 年 5 月第 1 版　　2017 年 5 月第 1 次印刷
ISBN 978-7-5596-0087-5
定价：39.00 元

未经许可，不得以任何方式复制或抄袭本书之部分或全部内容
版权所有，侵权必究
本书若有质量问题，请与本公司图书销售中心联系调换。电话：010 – 82894445

目 录

携手同行，培养下一代创新者

未来需要什么样的人才

寻找改变世界的孩子

姚悦　天才中等生

Part 1▶ 上中学的他，要造一台比电子计算机快几百倍的光学计算机。他的项目在上海市青年科技创新大赛上引起了激烈的争议。有个评委知道他入围Intel ISEF决赛，当面对他说："你这个项目根本就没有什么意义，你会从美国空手而归……"

Part 2 ▶ 张逸中　叛逆的天之骄子

他觉得没什么用的课，压根儿就不出现，甚至有四五门课程不及格。张逸中"疯狂"，不在乎学校成绩；他的父母"疯狂"，也不在乎成绩。幸运的是，他还碰到了几个同样不在乎成绩的老师。

Part 3 ▶ 薛来　网络时代的"狩猎"高手

会讲三国外语，十几岁便轻松掌握多种编程语言，并把科幻片里的人机交互变成了现实。他说如果在远古时代，自己应该是个猎人部落的酋长，因为他精通如何在纷繁的网络中最快捕捉到自己需要的知识。

Part 4 ▶ 万若萌　呆萌的"质子"

"像质子一样思考，永远充满正能量。"她说自己脑子慢，不聪明。那她的成绩，如同大多数家长理解的那样，只是下了笨功夫的结果吗？

Part 5 ▶ 王翘楚　"不务正业"的实验狂人

他来自河南，在这个全国高考压力首屈一指的人口大省，他却将大部分精力投入在高考不考的科目——科学实验。一场大火烧毁了宿舍，却让这个少年开始了寻找新材料的实验之路。而这一场探险，可能会改变整个中国的保温材料市场。

Part 6 ▶ 张溪典　爱好古怪的"蜘蛛少年"

这个从小爱把各种虫子当宠物的孩子不会想到，有一天自己的古怪爱好会让他站在美国的领奖台上。他曾有句"名言"：对于自己的项目，老师和家长不反对，已经是最大的支持了。

Part 7 ▶ 郝若尘　世界和中国的"第一人"

当别人都在追捧蝙蝠侠的面具时，这个少年竟做出了世界上第一个蝙蝠头部仿真模型。在声学这个研究已经非常成熟的领域，用自己勇敢的想象力和扎实研究，让整个世界吃了一惊。

寻回失去的自己

携手同行，培养下一代创新者

2002年，我第一次和中国科协的合作伙伴一起带领中国学生参加英特尔国际科学与工程大奖赛（Intel ISEF），是在美国肯塔基州的路易斯维尔。我和来自世界各地的上千名年轻人一起经历了紧张又激情澎湃的一周，并有生以来第一次见到诺贝尔奖得主大师们。自那以后，我又有幸多次参加Intel ISEF。每一回，那些青少年英才一张张青春洋溢的面孔，以及他们的激情与执着、欢笑与泪水，都深深感动着我。今天这本书的面世，能够让更多的朋友了解Intel ISEF，了解这些"青少年科学家们"成长的故事，并引发大家对如何培养创新人才的深入思考，是一件多么有意义的事情。

当年英特尔中国团队通过与美国主办方的积极沟通，终于在2000年实现了中国学生参加Intel ISEF的梦想。至今，英特尔已经连续18年赞助中国的优秀青少年英才参加这一全球最大规模、最高等级，也是唯一面向初三至高三中学生的科学竞赛。18年来，Intel ISEF先后成就了一批诸如本书中的薛来、张逸中、郝若尘等各行业创新创业领军者和颇有建树的科学家。同时，这些由大赛放飞的创新之星也进一步让Intel ISEF成为助力STEAM教育（科学、技术、工程、艺术和数学）发展的星星之火。今日，STEAM教育在神州大地尽呈燎原之势，为面向未来的教育变革，不断提升中学生的创新能力、科学素养和创造力，更好地培养下一代创新英才发挥着积极作用。

当前，全球新一轮科技革命和产业变革方兴未艾，科技创新正加速推进，并深度融合、广泛渗透到社会的各个方面，成为创造人类未来的主导力量。在这一变革的洪流当中，人才成为关键推动力。STEAM教育作为未来人才培养的重要形式，将对教育变革和经济社会可持续发展发挥基础性作用。在这个进程中，Intel ISEF及每年由此脱颖而出的"少数派"无疑将发挥更重要的典范作用。大赛聚焦在青少年创新能力、实践能力、交流沟通、团队合作等多方面的综合能力评价体系，以及引导青少年关注生活和社会问题，用创新技术去应对挑战，都与教育变革的核心诉求高度契合，这些为未来创新人才培养持续助力。

谈及创新人才培养，Intel ISEF的指导意义、借鉴作用无疑是多方位的。除了有助于培养中学生的创新精神、科技探究能力、责任情怀，大赛还聚合了国际社会多领域资源，共同推进青少年英才成长，进而让这些"少数派"去感召、激励更多的人，乃至更加深远地影响教育变革。比如，每届大赛都有超过1200名、多学科领域的评委参加现场评审，每位评委都具有博士学历或在某一科学领域具有6年以上相关专业经验，其中不乏包括诺贝尔奖得主在内的知名科学家。又比如，大赛相关的数个环节都有众多老师、专家、工程师和企业家提供指导。 此外，这些青少年英才的科技创新活动与参赛也是在学校、老师、家长长期地支持下才得以进行的，近年来大赛奖项也是在众多机构支持下得以持续扩展的。由此可见，围绕Intel ISEF和STEAM教育，构建下一代创新人才的生态和社会氛围正日益得到社会各界的关注与支持。而各界力量不断的投入和关怀，也必将激励下一代创新人才如春花般争奇斗艳，装点出更璀璨的科技大花园。

此书付梓之际，正值2017年Intel ISEF即将开幕。我们期待又一批中国的青少年英才在大赛上的杰出表现。同时，英特尔也将携手各界合作伙伴，在激励下一代创新者的道路上继续努力，以帮助更多的青少年掌握科技与创新的能力，实现改变世界的梦想！

英特尔中国企业事务部总经理

朱文利

2017年4月于北京

未来需要什么样的人才

　　拿到友人寄来的样稿，看着薛来、姚悦等熟悉的名字，数次亲历Intel ISEF活动的画面再次跃然眼前，那些来自世界各地的青少年英才们所洋溢的创新激情与Intel ISEF总决赛那前卫、激昂的氛围相互辉映后，带给人们非同一般的震撼与激动也涌动心间。我想，正是这种对于科技创新的激情，这种来自内心深深的震撼与感动，每年一度让全球超过1500名青少年英才齐聚Intel ISEF总决赛，展示他们的创新成果，抒发他们对于科学的热爱，放飞他们的远大梦想，并激励更多的青少年参与到科技创新行列中。这一青少年科技盛事已经走过60多个年头，却历久弥新，并赢得了全球青少年科学竞赛的"世界杯""少年诺贝尔奖"等美誉。大赛中走出了多名包括诺贝尔奖得主在内的世界知名科学家。

作为青少年科技创新的国际大舞台，半个多世纪以来，Intel ISEF让全球数百万中学生勇于高扬创新梦想，用属于他们的独特视角、新奇方法、大胆创想，诠释了改变世界的豪迈激情。一如本书主人公之一的薛来，这个3次参加Intel ISEF的年轻人，就曾在多次演讲中陈词："用我们的力量改变世界！"这位年轻人凭着他和团队开发的3D体感传感器技术，让人们把科幻大片《少数派报告》中用手控制世界的酷炫场景变成了现实，大大超越了平凡的创新，也实现了创业。与薛来一样，书中的另外一位青少年英才姚悦用光色叠加进行三进制运算方法，颠覆了传统电子计算机模式。而英才郝若尘则运用蝙蝠头部仿真模型，验证了蝙蝠收声有极强的方向性，成为这一领域的全球第一人。与这些极具开拓性创新精神的英才一样，每届参加Intel ISEF的年轻人都会带来数以百计的创新项目，内容覆盖了科学、技术、工程与数学等广泛领域，直观生动地展现了科技改变生活和工作方式那神奇而强大的力量，让人震撼并为之激动不已。他们讲解创新经历、展示创新成果时所表现出的科学理性和孜孜以求的探索精神，让人对美好的未来更加充满信心。

我们知道，Intel ISEF的宗旨正是激励青少年参与到科学和工程领域创新中来，引导中学生致力于通过创新探求社会问题的解决方案。这一宗旨和这些敢于改变世界的"少数派"年轻人身上灼灼的创新激情，以及他们热爱生活、关注社会的情怀，产生了巨大的共鸣，同时，对现今的教育创新、人才培养，乃至双创的实践都产生了深远的意义。

二十多年来在英特尔公司负责中国的企业事务，让我有许多机会与参加Intel ISEF的年轻人进行深入的交流，我深切感受到，这些来自中国的中学生之所以能在科技领域有所突破，除了"初生牛犊不怕虎"这一敢于创新的勇气，他们身上还饱含着一份浓浓的大爱情怀，那就是关心生活、关注社会，对身边世界充满好奇，能够针对人们面临的各种问题与挑战，结合自己的兴趣，发现创新的源头，发掘责任的潜力。本书中的几位青少年英才就是这方面的代表，比如万若萌接触仿生学后，认为可以通过让人类不再与地球处于对立关系的方式应对环境恶化问题，于是展开了研究；王翘楚亲见了火灾之后开始了他的外墙保温材料项目；张溪典则由观察水黾消失现象，踏入了水污染研究的大门。

我相信，"创新与责任同行"，将是这一时代的主旋律，也是推动社会进步的双引擎。这本书所介绍的Intel ISEF英才所做出的成就对此进行了鲜明的映射。这些年来，我从对英特尔"以社会需求为导向推动创新、造福社会"的企业战略的体悟，到就任苹果公司副总裁，秉承公司"让世界更加美好"的愿景，践行

"责任与创新同行并进"的理念，深刻认识到只有让创新和责任互为依托，相互守望，才能创造出美好的世界。这个梦想不仅需要我们，更需要我们的下一代一起去实现。这就回到一个初始的问题，未来什么样的人才才是对社会有用的、可以改变世界的、卓越的人才？阅读本书，相信你会找到答案，或者会从这些闪光的案例中得到一些启示。

前英特尔中国董事总经理
苹果公司副总裁
戈峻
2016年12月25日于上海

寻找改变世界的孩子

第一次知道Intel ISEF

　　2012年年底的一天，我在李开复的微博上看到了杰克·安德拉卡（Jack Andraka）的演讲视频。他还是个稚气未脱的15岁男孩，但是他发明了一种快速检测胰腺癌的试纸，并因此获得了2012年度Intel ISEF的大奖。那是我第一次听说这个奖项。虽然它已经有60多年的历史，是全世界最著名的青少年科技类比赛，但在中国，知道它的人依然不多。不过，在任何一个时代，一个天才的出现，总是引人关注的。李开复那条微博之下，当天有5000多条评论，但多数人赞叹的并不是发明，而是美国教育。有几个人在评论里感叹："中国15岁的孩子考试都忙不过来，哪里有空去搞发明。"

杰克的故事并不曲折。他的长辈因胰腺癌去世，这给他相当大的刺激。他开始用谷歌和维基百科收集关于胰腺癌的资料。他发现初期胰腺癌很好医治，但其晚期死亡率确实非常高，所以早期诊断是最关键的。而胰腺癌的检测还在用几十年前的方法，低效、昂贵。他在13岁时，开始了自己的独立研究。7个月后，他发明了一种纳米试纸，成本只有3美分，却能够精准检测胰腺癌。

2013年，我在一年一度的Intel ISEF大赛公众开放日见到了杰克本人。他仍然是以选手的身份参加Intel ISEF的，这次他做了一个三录仪（tricorder），那听起来比癌症试纸还玄幻。喜欢科幻电影《星际迷航》的人，对这种仪器并不会觉得陌生，电影中船长手里拿着的一部手机大小的探测仪，就是三录仪。电影里，它是个万能的设备，能感知环境四周，并将这些数据记录下来，然后进行计算。它也可以探测到生命信号，入侵操作者指定的计算机系统。还有一种特别的三录仪，能对人体进行扫描以检测病患，是医用三录仪。杰克做的三录仪功能就集中在医用上。在几千人的会场里，有1000多个展台，杰克在自己的展台前介绍项目。2012年得奖之后，他成了科学明星般的人物，成群结队的孩子来找他问问题、合影。

那天傍晚，我终于找到了机会，和杰克聊了半个小时。他风趣、活跃，甚至有点急躁，并且谈话的内容有些脱离想象。他讲起了近两年的经历。他所取得的成功，并非来自绝对的天分，这和我最初想象的大为不同。他家境普通，父母都不是从事科学研究的。最初，他从事胰腺癌试纸的研究，无论是父母，还是学校的老师，都不支持他。他们认为对一个孩子来说，它太难了。但杰克依然写了十几封电子邮件，向美国各个大学的胰腺癌研究专家寻求帮助。他写上了自己初步的想法、试验经费的预算。最终，只有霍普金斯大学的一位教授帮助了他，其他十几位教授都拒绝了他。有一位教授回信说："你的方法根本行不通。"杰克完成项目以后，在一个会议上又碰到了那位教授。"我走过去，对他说，'那个项目我做出来了'，他笑了笑，走开了。" 杰克最后只花掉了3000美元，也就是说，他用摩登女郎购买路易威登手袋的钱，完成了一个胰腺癌检测的研究。

越了解少数派，越惊叹

我曾经以为，杰克只是个特例。但2013年，我第一次去凤凰城Intel ISEF采访选手时，立刻知道了，他只是一个庞大部落中的一员。

几千张和他一样自信、鲜活的面孔在会场中出现，他们每个人都有各自非常有趣的项目。薄如蝉翼的生物电池、无人驾驶的汽车模型、核反应堆、用茄子发电、找到针对某种癌症的变异基因……几千个十几岁的孩子云集在展馆里，展示着自己的项目。

我曾经以为，Intel ISEF选手的项目，和国内的青少年科创类比赛并没有本质上的不同，十几岁的孩子能做的不过就是一些小创造、小发明。一踏入展厅，那种观点就被彻底颠覆了。英特尔基金会的执行董事温迪·霍金斯（Wendy Hawkins）说，无论她对那些研究机构的人怎么形容，给他们看过多少视频，这些人到了现场，依然会被震撼到，然后感慨："天呐，这些孩子真的在做严肃认真的研究！"

公众日那天，我在赛场上碰到了一个加拿大华裔男孩刘泽宇。我和他聊了一会儿。他10岁离开中国去了加拿大，是非常典型的华裔——安静、腼腆，而那些白人男孩很活泼，满场乱窜，到处找人聊天、交朋友。但只要一谈起项目，他的语言从汉语切换成英语，眼神也开始放光。他会讲起学校科技活动对他的影响，以及以前做过的各种小项目。虽然神情依然带着羞涩，但他的思维特别活跃，并不是循规蹈矩的书呆子。两年前，他做过一个机器人，也参加过Intel ISEF，但是没有拿到奖项。2013年，他自己设计、制作了一个飞轮储能系统，就是一种电池。如果把这个发明用在电动车上，会大大减小原有电池的体积。项目很有趣，但他对自己没什么自信。他说："就是想认识有趣的人，看看有趣的研究项目，完全没想过是否会得奖。"他觉得自己很平庸，大学都没敢申请美国、加拿大的名校，只挑了一所离家很近的大学。但是，任何跟他聊天的人都会感受到他对机械的热爱。幸运的是，一天之后，他拿到了工程学学科最佳。

在颁奖典礼上，像刘泽宇一样的华裔面孔非常多，那一年天文学、数学、工程学的学科最佳都是华裔。在十几岁时，他们就找到了自己的激情所在，而不是盲目地追求分数、奖项。

其实早在2000年，中国就已经开始选派选手参加这个比赛了。在2004年，中国队的成绩出现了一个小高峰，但在2013年，中国队的成绩平庸，得到的最高奖项是二等奖。奖项本来并不重要，项目选题的平庸，才是更让人失望的。看得更远一点，这也许不仅仅是选手的问题，教育体制也难辞其咎吧。

杰克在那一年，只得到了四等奖，但他会把项目继续做下去。另外一个没得奖的项目，给我印象更深。一个美国女孩想要做一个哈利·波特的隐形斗篷，运用了纳米技术等一系列难以一时之间解释清楚的技术。斗篷没能最终完成，这也没什么奇怪。但它充满了童真，浪漫到很多人会觉得很可笑，这比杰克要做的三录仪听起来更不严肃。

2014年年底，我读到了一篇文章。一家媒体总结了在这一年实现的科学预言，有一条就是和隐身衣相关的。文章里提到，罗切斯特大学的研究者们做出了便宜但高效的隐身立场：使用4个标准光学透镜将一个物体隐藏，即使观察者来回移动也看不到物体。这项技术可以用在机动车上移除盲区，让医生做外科手术时，再不必担心自己的手挡视线了。

我立刻想起那个做隐形斗篷的女孩。很多科学家在十几岁时，都有她这样单纯的梦想，而是否在十几岁时就实现这个梦想并不重要。不扼杀梦想、不断以各种方式去尝试，才是科学推动人类进步的动力。

中国也有少数派

2014年5月，凤凰城，又一届Intel ISEF。在计算机门类的展台前，我第一次见到了上海男孩姚悦。他很腼腆，也不太自信。他想做一个三进制的光学计算机，用有色光瞬时叠加的方法完成运算。他说："那会比电子计算机的速度快上百倍。"我听得有点晕眩，无法判断他说的是不是真的。

每年的Intel ISEF，展馆对记者开放的时间只有两个小时，但里面有1000多个项目需要了解。我连中国选手的项目都没看完，场地就快关闭了。我站在姚悦的展台前，已经精疲力竭。更让我沮丧的是，他所做的已经超越我的认知范围了。

2014年参赛的中国选手，每个人都个性

> 不扼杀梦想、不断以各种方式去尝试，才是科学推动人类进步的动力。

鲜明。河南濮阳的一个男孩，做了一个以水黾为环境指示物的研究，人称"水黾君"。他从小养过好多奇怪的宠物，尤其对蜘蛛了如指掌，连百科全书上没有的内容他都知道。另外一个上海选手陈嘉延做了一个无人机，可以用它导航，在停车场找停车位。陈嘉延口才好，对自己人生规划清晰。他说："我这个人算不上智商特别高，也算不上精力过人，必须每天睡够8个小时才可以。虽然我很喜欢计算机和机器人，但是我以后不会做一个工程师，我想做一个懂技术的管理者……"河南郑州有个男孩叫王翘楚，刚上高一，看人眼神都是怯生生的。他在目睹一场火灾后，决定研究能防火的建筑保温材料。问他是怎么对做研究产生兴趣的，他说："因为我当时上的小学是郑州唯一一个有实验室的，那时候，我就喜欢上了做实验。"

　　我很诧异，他们每个人都那么有趣。中国怎么忽然也出现了一批这样的孩子？他们的父母是干什么的？学校老师对他们有多大帮助？他们怎么对科学产生兴趣的？怎么才能让更多的孩子变成他们这个样子呢？

　　我对这些年轻人的故事充满好奇，在那之后的一年里，我去了他们的家乡，与他们喝咖啡聊天，拜访了他们中的一些人的父母，也去了他们的校园，见了他们的老师。其中华东师范大学第二附属中学（简称"华师大二附中"）的一名老师娄维义给我留下了很深的印象。他女儿娄澜青青也参加了2014年的Intel ISEF，但没有获得任何奖项。而对于娄维义而言，他并不在乎女儿是否获奖，只要能够享受比赛的过程，走进新奇的科学世界就好了。

娄维义辅导过无数科创类的获奖选手，但他一直都没有拿获奖当一回事。他认为，这些年轻的孩子能够通过玩的方式，找到自己的兴趣，享受研究的过程，学会研究的方法，这才是最重要的。他的这种教育理念一部分来自自己的经历。他研究生时期没做出什么研究成果，但学会了如何做研究。另一部分来自学校本身。华师大二附中向来重视科技创新，要求每位学生都有个研究项目，科研氛围比较浓厚。

这些年轻人引领我重新回到了青春岁月，在他们的悲喜、奋斗中，我重新审视了教育问题。

在追溯Intel ISEF选手的成长过程时，平均水平以上的智商、个人执着的努力都是最显而易见的因素，但教育的作用依然不可忽视。那些优秀的老师会不断地为一批又一批的学生提供成长的助力。在中国选手参加Intel ISEF的短短十多年时间里，华师大二附中、上海交大附中、成都七中、北京人大附中、北京101中学每隔一两年就会有获奖选手出现。像娄维义一样优秀、富有经验的老师起的作用是无法估量的。

这些年来，中国中学教育的大环境并未改变，重视高考、重视奥赛教育依然是主流，但重视科技创新，重视新式的科学教学，这种观念也在慢慢形成，尤其是在北京、上海、成都等大城市。我相信，中国中学教育会越来越好。

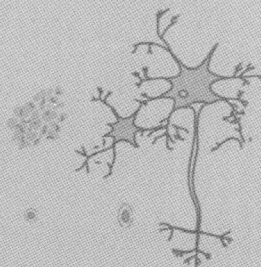

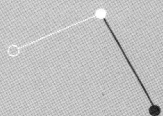

姚悦　天才中等生

上中学的他，要造一台比电子计算机快几百倍的光学计算机。他的项目在上海市青年科技创新大赛上引起了激烈的争议。有个评委知道他入围Intel ISEF决赛，当面对他说："你这个项目根本就没有什么意义，你会从美国空手而归……"

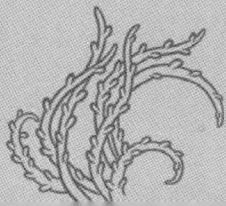

Part 1

征战"少年诺贝尔奖"之路

每个人表达自己焦虑的方式都大相径庭。姚悦焦虑的时候会更加沉默。

在飞往洛杉矶的班机上，姚悦和陈嘉延坐在一起，多数时间，姚悦闷声不语，只是打开电脑，默默地修改代码、整理文献。陈嘉延个性直接，凡事外露。两个人都倍感压力，但陈嘉延把烦躁都用言语释放了，纠结、踌躇、振奋、忧虑像爆米花机里的豆子一样炸开，噼啪一路。

他们一行有四十几个人，来自全国各个省份，去洛杉矶参加Intel ISEF，那是全球少年天才一年一度的大聚会，被人形容为每年"最长、最带劲的一集生活大爆炸"。在这个大会上遭遇的人，可能会是未来诺贝尔奖的得主。赛事创立以来，已经有8位选手后来拿到了诺贝尔奖，包括中国人最熟悉的2008年诺贝尔化学奖得主钱永健。

往年的项目都极具创见，超越常人想象。前两年，有一个美国男孩，在家里造出一个核反应堆来。还有前文提到的杰克，发明了能快速检测胰腺癌的试纸，成本只有3美分。奥巴马总统听说了，还邀请他去了白宫。和他们比，姚悦的想法不算太离奇，他想做一台三进制的光学计算机。但姚悦生活在上海，不是美国。有这想法，就有点匪夷所思。他没有被当作天才，虽然受到过鼓励，但面对更多的是惊异的眼光和赤裸裸的嘲讽。

姚悦和陈嘉延比较亲近，他们都是上海人，培训曾经住在一个房间，更主要的是因为际遇相似。陈嘉延做了一个四翼飞行器，国内选拔赛时并不被看好，高考前来参加比赛，还和他们校长吵了一架。姚悦的项目，在上海市青年科技创新大赛上，也引起激烈的争议。有个评委知道他入围Intel ISEF决赛，当面对他说："你这个项目根本就没有什么意义，你会从美国空手而回……"

十几个小时的飞机行程，姚悦没有合眼。他刚上高二，虽然没有高考的忧虑，但为准备比赛，已经停了半年的课。人人都抱着期许去，但对手都是天才，想起来难免信心不足。为了他这趟美国之行，几位老师都顶着很大的压力。指导老师张逸中在机场送别时说，等着他的好消息，"来重重地扇那个教授一记耳光"。

聊天聊出来的想法

从来没有人把姚悦当作天才。他相貌普通，为人敦厚，既没有异禀的天赋，言行也无异于常人。初中排名中等，临近毕业努力了一年，成了优等生，但老师也把这归因于他的用功。高中考入上海交通大学附属中学，是上海的四大名校之一，但没能进入本部，只进了嘉定分校。

姚悦对自己也没有太大期许。初中时，他觉得那些成绩特别好的人才是天才，自己再普通不过。上了高中看得更开，认为考90还是考100，差别不大，反正都是A，而自己找点有意思的事做，就可以了。他后来参加了创新思维大赛，花了不少心思，最后，他闯入了全国总决赛，也拿到了一等奖。但因为半分之差，没能去成美国参加决赛。

姚悦是个漫画迷，喜欢《新世纪福音战士》之类的漫画，自己也想学画画。2012年年底，他偶然认识了会画画的朋友，两个人聊起来配色，朋友说用色环来调色特别方便。无论十二色色环、二十四色色环，都可以用三原色调配出来，比如红色＋黄色＝橙色。这有点像数学上的取平均值，姚悦觉得挺有意思。

隔了些天，姚悦突然冒出来一个想法，如果不用人工调色，而用不同颜色的光叠加在一起，瞬时就可以变成另外一种颜色的光，是不是可以用这种方法来做数学运算呢？

　　交大附中开了一门综合课，要求学生都要做个自己感兴趣的项目。姚悦写了开题报告，说要利用光叠加的方法做一台三进制的数学计算器。他把报告交给科技辅导员，也是综合课的老师彭禹。彭禹倒是挺支持他，还帮他要了个名额，申报了上海青少年科学社。他面试也顺利过了。

　　姚悦知道会涉及一些数学问题，自己数学不灵光，就拉上两个初中同学。他们在另外一所高中就读，交了同样的报告，却被"枪毙"了，老师说"虽然战略性很强，但并不适合高中生做"，因此姚悦只能独立做。彭禹虽然是科技辅导员，但其实是个历史老师，不能具体地指导他，就让他去请教数学老师陈云鹤。陈云鹤说，要研究这个问题，初等数学根本不够用，让他自学高数。姚悦去买了《高等代数》《离散数学》，暑假时自己学习。

　　几个月过去了，项目没什么进展。姚悦会用数学符号、数学语言来描述问题了，但他很快就发现，高等数学中的群论用在他的算法证明上会出问题，不完备。但他一时之间又没找到新的数学模型，项目就搁置了。

　　9月份的一个晚自习，彭禹给姚悦打了个电话，劈头就问："项目有进展吗？"姚悦当时就愣住了，不好意思说没进展，就说："有的，有的，就是进展特别慢。"彭禹说："只要在做就可以。周五有一个面试，如果通过，你就有可能去参加Intel ISEF。"

那时，离面试只剩下一周时间。姚悦开始疯狂准备，彭禹、陈云鹤两个人陪着他，每天讨论到晚上11点。一周后，总算用函数关系把整个问题描述清楚了。

正式面试那天，其他人都准备了PPT。人家问姚悦："你的PPT呢？"他说："我没有。"他要了一支记号笔、一块白板。他先给评委讲："想利用光瞬时叠加，做一台三进制的光学计算器。我已经能在数学上证明，加法运算是可以实现的。"他拿起记号笔，在白板上写下了他的证明过程，白板的正反面都被他写满了。接着又对评委说："时间太短，我只证明了加法和逻辑运算可以成立，但其他运算，现在还没法证明。"一个老师问："这种计算器能做出来吗？"姚悦当时很自信，说："理论上成立了，就可以做出来。"他后来的指导老师张逸中也是评委，问他相关文献读得怎么样。他说看过几篇，又讲了一下内容。张逸中说："看得实在太少，需要加强对三进制计算机研究状况的了解，特别是国外的。"

面试完没多久，姚悦收到通知，他入选了。

奔跑在实现项目的路上

项目是否能搞下去，姚悦心里完全没谱。要解决的问题太多，时间不够用，姚悦就申请把副课停掉了。找了间只有一张桌子、一台电脑、一根网线的实验室，别人上课，他就自己在实验室钻研项目。除了查阅论文，他还要继续完成其他运算的数学证明。陈云鹤还要求他把项目写成论文。写论文尤其让他头疼，改了几次，都被陈云鹤打回来了。陈云鹤是华东理工大学数学系博士，很在意学术的严谨性，他会把觉得有问题的地方圈出来，论文上被画了好多圈。开始姚悦和陈云鹤讨论，还会用一些模棱两可的话，后来很自然地就会用数学语言、数学符号了。

上海青少年科学社给姚悦安排了专家辅导。每个月，有那么几天，姚悦会搭上地铁，穿过大半个上海，到上海科学会堂去见各种专家。最初是数学的，后来还有物理学的、计算机方面的教授。每个人都提了不同的意见。一个数学教授很和蔼，还说姚悦应该去申请专利。

大半的教授都提到了一个问题——这个项目的应用点是什么。姚悦说："我想做个计算器。"教授说："光做计算器没什么意思。还要考虑一下其他方面的应用，比如，在特定的环境下，做一些比较有意义的事，像矿井下的使用，或者光纤通信……"

那段时间，姚悦的成绩开始下滑。之前他的排名是学校的前20%，有次考试滑到B，最差的一次到了C。他被班主任约见，战战兢兢地去了，班主任没责怪他，问他是不是做项目太累，后来又说："知道你辛苦，但希望你砸锅卖铁也要把这事情做好了。"

上海的几大名校——交大附中、上海中学、华师大二附中、复旦附属中学对于学生做科研项目，都有巨大的投入。斥资数百万建了若干个实验室，每年参加市级竞赛的项目都会有三四十个。只要不影响高考，老师一般对学生都很支持。

12月份，又一轮选拔开始，全国的项目汇集到冬令营。整个冬令营里，姚悦排名中等，陈嘉延偏后。上海青少年科学社的陈红老师给他俩开了次会，她说："你知道我为你们能进Intel ISEF做了多大努力吗？我最后放了这话了——你们的项目要是不行，我就提前退休。你们两个必须尽快完善自己的项目，一定要争气。"两人听了，面面相觑。

冬令营回来，姚悦把课全停了。冬令营里，几个专家指出了他项目中一些问题，"那都是小问题，好解决"。他最担心的是，别人都提不出来的问题。他必须全力以赴。

那段时间，姚悦陷入了一个相当孤绝的境地。他住在学校宿舍，和室友一天都说不上几句话。起床出早操、吃早饭，然后就进实验室，晚上回来别人已经睡了。如果某一天，他取东西回教室，同学就会以撞到鬼的表情迎接他，惊诧地问："你怎么来了？"平时他独自一人在实验室里，周六、周日去科学社，有助教陪他练习英语口语。要去参加Intel ISEF的人，每个人都有陪练，他们也会一起讨论，互相用英文介绍自己的项目。科学社的

— 美国少年杰克·安德拉卡（15 岁） —

2012 年 Intel ISEF 最高奖项

发现胰腺癌试纸，成本仅有 3 美分

　　姚悦听到这个消息，情绪低落，也很不服气。彭禹和张逸中也都挺气愤，给姚悦出主意，让他拜访几位知名的计算机系的教授。如果获得业内有影响力的教授认同，也能给评委一些压力。

　　姚悦最先想到了上海大学计算机系的金翊教授。金翊是国内少数几位研究光计算机的专家。姚悦最初查论文时，发现光计算机方面好多论文都是他写的。项目遇到瓶颈，他给金翊、复旦大学和上海交大的几个教授分别写过邮件求教，只有金翊回复了他。两个人邮件交流了一段时间。姚悦遇到麻烦，就去见了金翊。

　　金翊对姚悦很欣赏，说："论文写得不错，比很多研究生的思路都清楚。"姚悦又讲起科技大赛中遇到的麻烦，金翊就帮他写了一封推荐信。

　　金翊的推荐信写得相当中肯："虽然理论有不少缺陷、方案也还粗糙，但依然有很多亮点"。他认为最重要的亮点——"用冗余的物理状态表示信息""用7种不同颜色来表达了5个或者3个信息"。金翊写道："从我研究光学计算机14年来看，这还是一个非常新颖的思想。"他还提到了"姚悦基于用颜色表达信息，设计了几个运算方案，都表述清晰、思路清楚。对一个中学生，这实属不易"。

　　这些年，电子计算机速度提升空间越来越狭窄，新型计算机研究在国际上一直备受重视，量子计算机、光学计算机已经是各个大国斥巨资研究的方向。但是，国内研究电子计算机的人多，研究光学计算机的人很少。

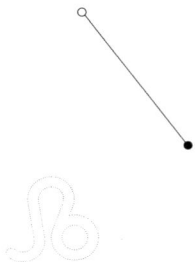

金翊在推荐信的结尾写道："因为光学计算机和电子计算机迥然不同，往往给熟知电子计算机的人带来困惑，光学计算机所体现的思想和电子计算机有很大差别，但这些差别也正是价值所在。"金翊预计到，很多人可能会对课题价值有所怀疑，特意写下了这样一段话。

在市赛前的一周里，除了金翊，姚悦又去拜访了两位华师大计算机系的教授——卜天明和朱惠彪，他们都肯定了课题的价值。

正式比赛时，姚悦在展板上贴上了三位教授的推荐信，评委也都看了。但依然有评委认为他的项目应用性不强。

评审快结束时，有一个评委直接说："我觉得你这个项目不好，研究逻辑器的人太多。你不过提出了一种可能的方案，这不是一个很特殊的方案，也不是一个很关键的方案。我觉得你去Intel ISEF可能拿不到什么奖项了。"临走时又说："我觉得，你的研究态度有问题，你这是为了研究而研究。"

因为光学计算机和电子计算机迥然不同，往往给熟知电子计算机的人带来困惑，光学计算机所体现的思想和电子计算机有很大差别，但这些差别也正是价值所在。

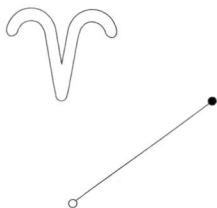

姚悦没明白，他到底在批评自己哪一点，回去问彭禹什么叫"为研究而研究"，彭禹说："国内一些学者，可能更崇尚实用主义，为了达成一个目标而做研究。"姚悦纳闷了半天，然后说："不是为了研究而研究，难道是为了发论文、出成品去做研究吗？那也不可能有实质性突破。"

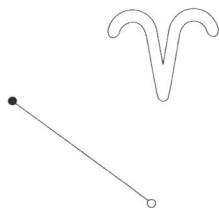

虽然费些周折，姚悦还是拿到了上海市比赛计算机学科的一等奖。不是学科最佳，也没有被推荐去参加全国比赛，但去Intel ISEF的机会保住了。

去Intel ISEF之前，姚悦又要提交论文摘要。谈到项目应用，姚悦展现了他性格中固执的一面，特意把之前写的光纤通信也删掉了。看到国内专家对应用点是多么重视之后，姚悦也深明其害。"我根本不想再浪费时间，在Intel ISEF上跟评委扯什么光纤通信，我就是要做个光学计算机。"

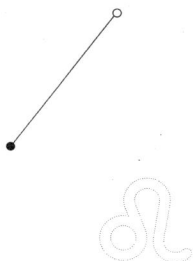

不是为了研究而研究，难道是为了发论文、出成品去做研究吗？那也不可能有实质性突破。

现实版"生活大爆炸"

姚悦到洛杉矶时正是初夏。美国西海岸以阳光、海滩闻名。姚悦心里焦虑，也无心风景，下飞机吃完午饭，就直接去了比赛场地——洛杉矶会展中心。

按照大赛的日程，最初的两天要布展。姚悦到得早，周围还没有什么人。到晚上，人逐渐开始多起来，成百上千的人陆陆续续涌进展厅。穿着T恤、短裤、人字拖鞋的男男女女，都像是从《生活大爆炸》里跑出来的人，夹着展板，抱着各种古怪的装置，脖子上都挂着花花绿绿的徽章，见到带着蓝色Intel ISEF选手标牌的人就停下来，互相打招呼。在比赛之前，每个选手都制作了自己的徽章，遇到其他的选手就互相交换，换得多了，人人都串起来做成项链，挂在脖子上，一路叮当作响。上千人都这种打扮，像是一个独特的游牧民族。

Intel ISEF到姚悦参加的这一届，已经是第65届。Intel ISEF是美国科学与公众社团（SSP）在1950年创办的，在大半个世纪中，成千上万个天才都曾经像姚悦一样，带着他们的项目来到美国，抱着能得大奖的梦，布展、交流、比赛、狂欢，而很多年之后，他们才会发现，这个赛事带给他们的收获，最不重要的，就是当初他们最在乎的奖项。当美国记者爱德华·斯克利普斯和动物学家威廉·爱默森·里特创立SSP的时候，绝对不会想到，这个举动会给众多科学家带来毕生的影响。

1942年，SSP开始创办中学生"科学人才选拔大赛"，遴选范围只在美国本土，8年之后，扩展到全球，鼓励那些有天才潜质的中学生从事科学研究。这成为一个惯例，一直持续到现在。当年的选手，很多人已经成为知名的科学家，其中，获得世界级科学大奖的有100多人，诺贝尔奖得主就有8位。

第二次世界大战之后，美国对于科技教育的重视达到前所未有的程度，视之为国家的未来。科学家、研究机构、学术团体和大企业都为科技教育倾注了大量的精力、资源和资金。Intel ISEF创办之初的赞助商是西屋公司。38年后，当西屋公司宣布不再赞助大赛时，有72个组织向SSP发出请求，希望担任大赛的冠名赞助商。英特尔公司最终获得了赞助冠名权。

1996年，英特尔赞助Intel ISEF之后，每年提供给选手的奖金飙升到500万美元，Intel ISEF也成为全球最大规模的中学生科技赛事。1998年，Intel ISEF只有20多个国家、几百名学生参加。到了2014年，即姚悦参加的这一年，全球已经有70个国家、上百万名中学生参加，去美国参加决赛的人数达到了1200人。

这1200人、400多个项目，都会聚在一个展厅里。整个展厅就像是一个巨大的集市，项目按照18个学科分类排开，分成几百个摊位，每个摊位前都站着个十几岁的少年，肤色各异、高矮不等。跟集市不同的是，他们不卖任何东西，只传递对于这个世界的神奇认识与天才想法。

姚悦和这些人都蹲在自己的摊位前贴展板。展板是人人必备的，上面有项目的基本介绍、主要实验数据和基本结论。不同之处在于展台。工程学、计算机类学科的展台上还会有各种炫酷的装置，比如无人驾驶的遥控车、薄如蝉翼的生物发电电池、用茄子发电的装置等。

在比赛过程中，评委和公众都会出现在展台面前，观看展板，翻看材料，或者要求看一下那些神奇的装置，以及向选手提问。虽然国内科技创新大赛也采用了类似的形式，但在会场里走上一圈，姚悦就发现，这里的项目和国内比赛的差异极大。国内项目小科技、小发明的气味浓厚，而他的项目属于异类。但这里异类当道，成了主流，他也有了莫名的兴奋感。

姚悦的资料多，还有装置，布展就花了两天时间。那时，他的样机已经制作完成，为了便于飞机运输而拆开了，到了现场还要重新组装、调试。他一直担心，样机在比赛时会出问题。

与诺贝尔奖得主的见面

大多数国际选手来美国，都和姚悦一样，为着奖项而来，紧张、焦虑，如临大敌。但待几天就会发现，Intel ISEF不仅仅是个比赛，更像个科学嘉年华，为期一周，比赛仅仅一天，其他时间都在交流，狂欢气氛相当浓厚。在那里，没人再把他们当成怪咖、异类，身边有上千个和自己差不多的人。每个人都对科技疯狂迷恋，都有个神奇而看似不切实际的想法。

这几十年，每年的嘉年华狂欢流程都差不多：盛大的开幕式，和诺贝尔奖得主有一整个下午的对话，公众开放日（市民、企业、其他科学爱好者、当地的中学生都可以来参观提问），然后是为期两天的颁奖，疯狂的互相祝贺、狂欢。

姚悦参赛这一年，开幕式上出了点意外。开幕式有个环节，主持人介绍到场的嘉宾，诺贝尔奖得主、美国国家航空航天局（NASA）的科学家们要逐一亮相。主持人请诺贝尔奖得主起立，全场一多半选手和诺贝尔奖得主一起站起来了。主持人很机智，说："好吧，你们是替60年后的自己先起立么？"台上台下一片哄笑和掌声。在场的人都知道，虽然是玩笑，但这像是一个预言。

开幕式后第二天的下午，是选手和诺贝尔奖得主的对话环节，那也是Intel ISEF传统中最受欢迎的环节。每年都会有六七位诺贝尔奖得主到来，很多诺贝尔奖得主都是Intel ISEF的常客，像1989年诺贝尔医学奖得主迈克尔·毕晓普（J. Michael Bishop），就连续几届在Intel ISEF上出现。一来是因为他们视培养年轻科学家为己任；二来是因为Intel ISEF上五花八门的研究议题、年轻人没有边界的想象力，也让这些诺贝尔奖得主充满好奇。

诺贝尔奖得主和选手们的对话会持续一整个下午，每年都相当精彩。选手可以依序提问，问的问题相当广泛，诸如上大学怎么选择学科？怎么爱上科学的？你做项目的时候，一天睡几个小时？你觉得自己最伟大的成就是什么？你一生中最重要的时刻，谁是给你们影响最大的人？……这些问题看似平常，但诺贝尔奖得主们回答起来，却都睿智、风趣，出人意料。

　　有人虽然得了物理学奖，但大学最初学的是经济学专业，后来听朋友说生物学很有趣，就转学生物，读到研究生，又对物理学产生了兴趣；有人原来只是个庸庸碌碌混日子的平常人，因为爱上一个女孩子，才选了课，跟人家一起待在实验室里；有人觉得自己最伟大的成就根本不是科学研究，而是生了一个可爱的女儿，从女儿出生到18岁，他只有5个周末没在家陪她……只有一个问题的答案，很多人类似——让他们对科学产生兴趣的人，很多人都谈到，是自己中学的老师。

少年们的问题虽然千奇百怪，但很少有人针对专门学科知识进行提问，他们感兴趣的是：一个人是怎么成为科学家的；一个真正的科学家，过着怎样的生活；当他们面临选择、困境、挫败甚至敌意时，怎么处理。诺贝尔奖得主的回答，讲的都是他们的人生经验。他们出席Intel ISEF的使命之一，就是帮助年轻的天才们适应"科学家"的身份。

2014年提问环节，一个印度男孩问："你们年轻时遇到过这样的事么——你做了一个项目，被一位你非常尊敬的权威说得一钱不值，你们怎么办？"问完，台下响起掌声。掌声是给这个问题的。台上的诺贝尔奖得主情绪激愤："首先，这样的人就不值得你尊敬，另外，你要坚持你自己的想法……"台下又是一阵掌声。

遗憾的是，姚悦并没能听到这场对话。对话的上午，姚悦去参加了大赛安排的工作坊。

他们感兴趣的是，一个人是怎么成为科学家的；一个真正的科学家，过着怎样的生活；当他们面临选择、困境、挫败甚至敌意时，怎么处理。

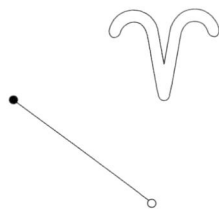

不一样的比赛，不一样的评委

5月15日，正式比赛。姚悦提前到了展

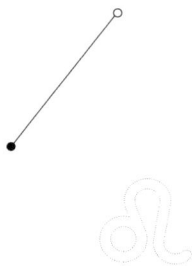

台。实验记录和准备的资料已经被人翻过了，应该是前一天评委看过了。设备调试很顺利，半个小时就完成了。虽然只睡了几个小时，姚悦并没觉得疲倦，反而很兴奋。他穿了一身深蓝色的西服，站在展台前，自信、神采奕奕。

这次比赛，姚悦的项目比之前完善了，数学上全部证明都完成了，包括4个基本的算术运算和19683个逻辑运算。他还用软件模拟了21位三进制的加法器。工程上，他也做出来一个样机。

虽然姚悦刚开始还有些紧张，但是评委陆陆续续地来，讲话都很风趣、轻松。说是问辩，但更像是聊天，他绷紧的神经也松弛下来。

　　每年Intel ISEF，除了上千个选手云集，还会有近千名各个学科领域的评委参与现场评审，这些人都是志愿前来，不收取任何费用。这些人对赛事抱以热忱，又经过评审培训，对于选手，他们被要求"只能鼓励，不能表示出任何轻视态度"。这些评委要么拥有博士学位，要么就在某一科学领域具有6年以上经验，他们中也有NASA的工程师、英特尔的工程师和诺贝尔奖得主。他们当中很多人，之前也是Intel ISEF选手，对Intel ISEF有亲切、美好的回忆。

有个评委让姚悦印象最深，30岁左右，头发很短，人也胖胖的，是加州一所大学计算机系的博士。他一出现在姚悦面前就说："不要用任何专业词汇，用跟你外祖母讲故事的方式，讲讲你的项目。"

姚悦说，想做个三进制的光学计算机，跟电子计算机比，速度会快上几百倍。他听了，问姚悦，"你知道苏联人做过三进制的计算机么？"姚悦问"你说的是CETYHB么？"他说："对，这里终于有个人知道这事儿了。我爸觉得三进制计算机是很好的……但是，我却不那么认为。"然后诡谲地冲着姚悦笑了一下。他仔细看了姚悦的数学证明，觉得没问题，就没提问。两个人又聊了下日本和纽约大学几个光学计算机实验室最近的研究情况。

他临走之前，对姚悦说："你知道吗，其实我现在没有工作，我今天来评审你们。但我也正在找工作，如果你以后会开个公司，请你聘用我。"姚悦知道他在开玩笑，但也忍俊不禁。

在各级科技大赛中，评审都是通过评委问辩的形式考查选手的。但姚悦很快就发现，Intel ISEF和国内比赛的评委差别很大：一是数量大大增多了，二是更为专业。在比赛的那天，物理、光学、计算机、通信各个领域的专业评审都陆续出现在他的站台前。

其中，有一个华裔评委，也评审了姚悦的项目。他叫黄授华，是NASA喷气动力实验室的一个工程师。他问姚悦光学计算机发展的整体情况，又问姚悦三进制光学计算机和其他光学计算机相比，优缺点是什么。

姚悦讲了目前光学计算机的三个研究方向，即研究多稳态器件、研究空间的滤波阵列，以及利用光学特性来进行计算。姚悦利用光的直接叠加进行计算，也归类于第三种。理论上，这种方法优势明显，不受元件的限制，光路中并不会产生时间上的延迟，计算过程只取决于光速。当然在现实中，因为有光电转换，还是要看光电传感器的速度，但和其他方式相比，依然有优势。

在一个13英寸（约33厘米）宽的透明盒子里，放着6片黑色的单片机，用光纤线路彼此相连，发光器是几个红、绿颜色的LED灯，有色光在塑料光纤线路里清晰可见，这个线路与颜色感光器相连，然后连接在姚悦的笔记本电脑上。简单，还有点丑陋，像是某种通向未来的神秘武器，那就是姚悦做出来的样机。

在整个问辩过程中，姚悦最担心的事情并没有发生——仓促做出来的装置没有出故障，评委们也没有在意它的丑陋。这挺让姚悦意外。

冬令营，姚悦都没能把样机做出来。上海市比赛，他和张逸中临时赶出来一个样机——用纸糊了个三层的盒子，几个单片机控制了三色的LED灯，光线投到一个纸杯里面，在杯子的底部就可以看到光混合完的结果。原理演示得很清楚，张逸中还开玩笑说："那几个破杯子是反应堆。"但样机看起来"破破烂烂"，不够"漂亮"，也影响了比赛结果。陈红要求姚悦尽快改进。

在去Intel ISEF之前，姚悦找过上海交大的光纤实验室。他本来有个便利条件。2013年，为了加强科技后备力量的培养，科协开始"英才计划"试点，让优秀的中学生进入大学实验室。姚悦是入选者，挂在上海交大一个教授的名下。但接待他的不是教授，而是教授的助教。姚悦把做样机的想法跟他讨论，"他说费用会很昂贵，估计要两三万，工期也会比较久，当时，离Intel ISEF还有一个月，他说根本完不成"。

姚悦就又去问张逸中，张逸中说："这怎么可能做不出来，去网上买材料，你自己搭。"姚悦就在淘宝上找材料，最后只花了300块钱就搞定了。半个月，姚悦就把样机做出来了。样机依然丑陋，塑料光纤看起来就像地摊货，很难让人相信，那玩意儿是用来造比电子计算机快几百倍的神奇设备的。

比赛时，国际光学学会的两个评委一出现，姚悦就非常心虚。他们很仔细地看了那台样机。一个评委来自美国一家光学公司，他问姚悦是否了解光纤通信方面的一些知识。姚悦立刻尴尬地说："如果不用LED灯、塑料光纤，改用1550纳米的激光器，运算速度可以更快。但费用昂贵、时间上太仓促，我才没有用。"那个评委马上说："这个问题可以不用考虑，用你这种可见光做研究，非常直观，已经够了。我不在乎你用了多先进的设备、做得漂亮不漂亮，这些我不在乎。"

他又给姚悦提了个建议："如果在研究后期，想做工程上的改进，还可以考虑把颜色感光器换成光栅，也能提升速度。只要理论问题研究清楚了，这些改变，非常容易。"

问辩结束，另一个评委问姚悦："你平时在高中里都玩什么？"姚悦说："打篮球。"两个评委都笑着说，他们上高中时整天打篮球，从没考虑过像姚悦想出的这种东西。他们还提出要和姚悦一起合影。姚悦很意外，他原以为会被奚落，哪儿想到会这么欢乐。

那一天，评委陆续地来，每个人都很友善，也总有奇怪的问题。下午，有个评委问姚悦："我知道这听起来非常恐怖——如果你现在所有的研究结果都没了，从头再来，你会怎么做这个课题？"姚悦不假思索，立刻回答："别的什么都不干，首先找一个光纤实验室。"说完，评委和他一起大笑。

下午5点，比赛快要结束，很多选手都开始离场了，忽然又有一队评委出现在姚悦的展台前，一共五个人，两个之前来过，另外三个他没见过。他们排着队，又一轮提问，问得更细致、更专业。一个日本评委问他是否考虑过光纤里的"非线性效应"，另外一个问他是否了解光存储，还有一个评委对他逻辑运算的证明有点疑惑。姚悦一一解答。他拿出一张草稿纸，把运算的过程推给评委看。这个问题曾经困扰了姚悦几个月，他后来看了金翅教授的一个博士生写的一篇论文《进位运算器的降值理论》受到启发，才想到了一种证明方法。评委看完证明过程，也挺信服。那队评委离开时，日本评委对姚悦说了一句"你应该会有个很好的结果"。

晚上，他把评委返场的事告诉陈红，陈红说："估计你要拿个比较高的奖项。"姚悦听了，充满期待。

斩获三个重量级奖项

接下来的一天，上午是公众开放日，姚悦的展台前聚集了好多美国小朋友，因为光纤里的有色光会变色，小朋友们都觉得很好玩。光的颜色一变，有个小姑娘就开始尖叫，她后来问了姚悦好多问题。虽然跟评奖没任何关系，但很多人都对他的项目感兴趣，给这些人讲述，姚悦也很开心。

下午专项奖开始颁奖，国际光学学会颁奖人上台时，姚悦惊喜地发现，台上的老头就是要跟他合影的评委。但宣读获奖者名单时，并没有姚悦。姚悦非常诧异，甚至怀疑"他们是不是读错了名字"。

三个小时的专项奖颁奖，中国大陆只有河南的张溪典一人得到了美国兽医学会颁发的奖项。上海的几个选手一无所获，都很黯然。根据以往的经验，像朱元晨、张逸中这样以往最终拿到大赛一、二等奖的人，前一天的单项奖颁奖中就会露出端倪，通常会连续拿下三四项单项奖。单项奖没有，大奖也就悬了。陈红很失落，说"回国后真是要退休了"。

在第二天大奖颁奖典礼上，各个学科都从四等奖开始颁起，之后是三等奖、二等奖、一等奖、学科最佳，然后才是不分学科的最优秀的奖项，诸如欧盟科学家奖、戈登摩尔大奖，越重要的奖项越在后面。

在颁发工程学四等奖时，颁奖人读出了陈嘉延的名字，陈嘉延从姚悦身边跳起，冲上了台。

颁到二等奖时，姚悦已经非常失落了，虽然心里仍然存着一点点希望，但更多的是绝望。他发了一条短信给彭禹："彭老师，今年就算拿不到任何奖项，我也会把项目继续做下去，明年再来。"

仅仅隔了一分钟，颁发计算机科学一等奖时，姚悦听到有个声音传来，"China，Shanghai"，他立刻从椅子上跳了起来，没等主持人读完自己的名字，就已经跑上台了。之后的计算机学科最佳、欧盟科学家奖，他一再听到自己的名字，"人都是蒙的"。但一直在笑，一直在笑。

台下，另外一个上海选手娄澜青青坐在陈红的旁边，对陈红说："陈老师，你不用退休了。"

从中等生变成了"姚神"

Intel ISEF大奖颁奖时，洛杉矶是上午，上海是午夜。张逸中和彭禹都没睡，在网上看直播。彭禹收到姚悦短信时，有点辛酸。他还没来得及回复，就知道姚悦拿了一等奖。他立刻给张逸中打了个电话，两个人的兴奋之情无以表达。

2009年，张逸中曾经参加过Intel ISEF，最后拿了四个专项奖、一个计算机类别二等奖。他一直对没有在计算机类别获得一等奖很遗憾。姚悦拿的大奖，替他实现一个梦想，也证明，他最初的判断是对的。

上海市科技大赛，姚悦的项目忽然被差评，张逸中很气愤。他觉得是评委的评判标准出了问题，"他们缺乏国际视野"。在国内比赛上，计算机领域很多被认为好的课题，就是一个小软件、小程序，表面上应用点明显，容易商业化。要是创业比赛，这没问题，但在一个科学大赛上，这种评判标准显然不对。原创性，对学科发展有根本性的贡献。

张逸中参加Intel ISEF的那年，一个德国少年做了手语识别器，能自动识别手语，显示成文字，在美国一下就轰动了。还有个女孩，帮助NASA研究了推算火星海岸线更好的方式，进而分析火星的演变。

科学研究本身就是一个
说服人的过程，需要靠
各种数据支撑来说服别
人。所有的科学家都是
这样过来的，出现质疑
很正常，你要用你的理
论，用你的数学，用你
的证据打别人耳光。

虽然张逸中有明确的理由支持姚悦，但他毕竟是个在校生，人微言轻，无法改变评审结果。当时，他能做的只是向姚悦施加压力，让他尽快完善课题。他对姚悦说："科学研究本身就是一个说服人的过程，需要靠各种数据支撑来说服别人。所有科学家都是这样过来的，出现质疑很正常，你要用你的理论，用你的数学，用你的证据打别人耳光。"

两个月之后，张逸中听到了，耳光响亮。

因为姚悦的项目，张逸中和彭禹相识。他们抱有同一个观点，很快成了朋友，他们都认为，中学生完全可以做有价值的研究，而且必须选择这样的课题。

姚悦获奖，对于彭禹来讲，也是非常欣慰的。虽然在很多外人看来，这不过是一件非常偶然的事。一个历史老师做科技辅导员，带出了一个国际大奖的项目，听起来有点荒唐。彭禹和学校其他老师聊天，也讨论过，后来想明白了，"正因为不懂，才不能干涉，反而比一些不懂装懂的半吊子强"。姚悦的项目，后来深入的程度，已经到了没几个人能懂的状态。

　　彭禹当老师的十几年里，他觉得，是学生教给了他一个道理——真正的学问，一定和人最本真的东西吻合。小孩子们觉得有趣的地方，往往在学术上是有价值的。

　　彭禹从华东师范大学历史系毕业。他做过一个实验，让学生读《秦始皇本纪》，然后讲自己的观点。有学生认为："秦始皇是一个特别保守、非常有家庭观念的人。因为他讲男女都要守贞。"又有学生说："秦汉时代的因果观念跟我们不一样，秦汉时期是先有果，后有因。"彭禹原以为大家会去讨论秦为什么能统一天下、三公九卿制度的建立，但这些根本没人注意。后来，彭禹发现，学生关心的各种问题和胡适、傅斯年这样的学者是一致的。彭禹又在几所普通中学上了同样的课，学生们提出的问题几乎一样。彭禹就明白了——创造力是和成绩完全无关的。

　　2012年，彭禹开始做科技辅导员，科技创新班有个学生叫曹家骏，受滚轮鼠标的启发，想造一辆能全方位驱动的汽车。一报选题，就被上海交大的一名教授否定。但他还是把项目坚持下去，发明了一种线圈磁路做电机驱动。他的创造力最终得到了几位中科院院士认可。他也参加了Intel ISEF，拿了四等奖。因

此，不要轻易否定一个孩子的想法，你根本不知道他能走多远。

彭禹对学生的选题，都很支持。他希望学生"去关心那些宏大的、真正有价值的问题。而不是仅仅做一些小发明、小创造"，这也是他一直支持姚悦的原因。

在姚悦出发去美国之前，彭禹曾经在综合课上把美国2014年"英特尔科学家奖"（1942年创办的"科学人才选拔大赛"，现在更名为"英特尔科学家奖"，每年3月份在美国举办）排名前十的选手的名字、年龄、所做的项目逐一念了一遍。

不要轻易否定一个孩子的想法，你根本不知道他能走多远。

1. Eric Chen：17岁。研发药物对抗流感。他依靠计算机建模与生物学来寻找能够抑制病毒复制所需的核酸内切酶的药物。

2. Kevin Lee：17岁。利用流体力学，通过一系列数学等式捕获心脏的跳动情况。他的研究能够帮助了解心律不齐的原因机制，从而找到更有效的治疗方法。

3. William Henry Kuszmaul：17岁。找到一种新的模块枚举方法——一种用来计算多项式f除以Xn-1所得余项的过程。他的研究可推动计算机科学、计算生物学、生物信息学等领域的发展。

……

这些项目，都太让人震惊了。如果不说出这些人的年龄来，没人想到这些会是十几岁少年的研究项目。他们当中，有人设计模型找到月球表面矿石的成因；有人利用计算机模拟木星的磁气圈；有人创造了一种计算机算法，能够使用DNA中的模块来预测有机体基因组编码与非编码的区域边界，这可以帮助医学专家扫描病人的病症，也能帮助制药企业针对特定基因组研发药物；有人设计了一种能够帮助预测乳腺癌细胞转移扩散的统计模型；有人用计算机与数学公式模拟出了原子核的相互作用，这可能会帮助科学家更准确地描述原子组成粒子的特性，更准确地认识中子。

彭禹念完，对学生说："姚悦去美国，就是要和这些人竞争。"学生们的眼神，又神往又困惑。彭禹总是说："在自己家的院子里弄个核反应堆出来，你们是不可能。但这些项目，你们也可以……"不过，那时没人拿他这话当真，因为听起来太遥不可及了。

姚悦从洛杉矶返回上海时，交大附中的校长和彭禹一起去接机，众人欢喜。对获得奖项的选手而言，这还算不上特别隆重的欢迎方式。这一届，香港两位选手拿下了Intel ISEF化学类的一等奖和学科最佳。姚悦回到上海那天，他们也抵达香港。当晚，香港特首梁振英就为他们摆下庆功宴，又发了一笔奖金。

姚悦拿到大奖，重返学校。彭禹给姚悦庆祝的方法非常别致，在综合课上，他又把那个名单逐字逐句读了一遍，然后说："姚悦就是和这些人去竞争的，他赢了他们。"学生们眼神清亮，也带着跃跃欲试的兴奋。

很快，姚悦在同学中，就有了个新绰号——"姚神"。

时间会证明

纵然是神，还是要坠入凡间。姚悦5月底回到上海，立刻面临另外一个问题，一个月之后，物理、化学、历史、生物4门课就要会考。他重新回到课堂，很不适应。生物课上做卷子，遇到各种刁钻的题目，其中一道题目是：在生物学领域，哪个项目相当于阿波罗计划？姚悦觉得无聊透了，这么学东西，有什么意思呢？有一天姚悦碰到彭禹，跟彭禹聊起，就问他："我们这到底是在学些什么？"

彭禹说："我们现在的教育，就是在一个盒子里，课本、考试就是盒子的外壳，学生都在里面反复打转，对盒子外的事完全不知道。你参加Intel ISEF，是在盒子里找了一个洞，钻了出去，看到了盒子外有不一样的世界——自己做的研究、别人做的研究。但更多的人，就继续在盒子里不停地转，然后彻底迷失了，到大学，能放手做研究了，他们也不知道怎么办。"

姚悦停课半年，影响成绩是必然的。历史、化学、生物都考了B，物理考了A。虽然他和老师都还满意，但这样的成绩，难免影响到保送。不过，姚悦没有太在乎，他在乎的还是自己的研究项目。

2014年9月，姚悦去波兰，受邀参加了欧洲青少年科学家竞赛（EUCYS），也是一周时间。那一周里，除了评奖，每天都有不同的讲座。一名叫雅恩·奥利弗（Yann Ollivier）的评委做了一场讲座。他的一段话，让姚悦印象深刻。他说："如果你拿到了EUCYS奖，有一天，你又拿到了诺贝尔奖。再后来呢？有时候，我觉得不拿奖可能是一种更好的结果。"

雅恩的那段话，像是对姚悦的预言。姚悦并没能拿到EUCYS奖，他有点沮丧，但仔细想想雅恩曾经说的话，明白了个中深意。在Intel ISEF之后，他的自信心迅速膨胀，反而是没拿到奖项时，他又开始想，自己到底是谁，自己到底想做一些什么事情。在那时，他才想明白，是否得奖不重要，到底在哪里读大学并不重要，重要的是可以继续他的研究。

离开波兰前，姚悦又碰到了雅恩。雅恩认出了姚悦，很热情地握住了他的手，然后对他说了一句话。在姚悦看来，这句话甚至比奖项更具意义。

雅恩说："Thank you for showing me the future."（谢谢你向我展现了未来。）

2015年6月23日晚上，姚悦情绪低落，甚至有那么一瞬间，他对于自己的能力都产生了怀疑。那天，上海高考成绩和录取分数线公布。上海理科一本的分数线是414，他考了413分，一分之差，没能进线。

为了做项目，他的功课落下了半年，学校曾经建议他推迟一年毕业，但姚悦的父亲并不同意。"他的会考成绩和模拟考试的成绩都还不错，比很多一直上课的人都考得好，为什么要放弃高考，为什么要耽误一年？"

从姚悦获奖以后，就有很多人建议他出国，那是很多参加Intel ISEF的中国选手最后选择的路：高额的奖学金、更开放的科研环境。但姚悦已经没有充分的时间准备托福考试和大学申请了。

美国大多数大学的入学申请截止日期是在上一年度的12月底，他已经错过了，好在亚利桑那大学的申请截止日期是在2015年4

雅恩说："Thank you for showing me the future."（谢谢你向我展现了未来。）

月。这所大学虽然整体排名并不靠前，但光学专业在全美国排名确实是最高的。

一个月之后，姚悦就收到了亚利桑那大学的录取通知书。但是，并没有奖学金，他需要支付学费和生活费。他家境普通，所以，依然没有放弃高考。

对于做研究的孩子，原来有另外一条路，参加比赛、获奖、然后保送直接进入大学，但这条路，前几年，被封上了。保送取消，改为自主招生和各种名目的综合测评、选优。

复旦大学负责招生的人去交大附中宣讲时，说他们特别欢迎那些偏才、怪才。交大附中的校长立刻问，"姚悦算么？"对方随即回答，"他不算。"姚悦坐在台下，听得心凉。

虽然一谈起科技创新，各个大学都很起劲。但在延揽人才时，并不是所有学校都很重视这类特殊人才的选拔，个别学校压根没把Intel ISEF这类科技竞赛列入自主招生的范围。虽然北大、清华都把姚悦列入在自主招生里。但那段经历，并不令他感到愉悦。

他忽然发现，自己要对付的考试，非但没变少，反而变得更多。高考刚结束没几天，他就参加了清华的自主招生笔试。"数学题目出的都是奥数的。"他坐着火车到了北京，北大的自主招生，连体育都要考。还好，北大没有笔试，他带着自己的论文，8个专家面试了他。

北大面试完的第二天，他去了圆明园，虽然之前到过北京几次，但都是因为参加比赛，来去匆匆，并没有玩过。在圆明园闲逛时，他从一棵大树下走过，乌鸦屎掉在了头上。他把这看成一个坏兆头。当天晚上，他查到了清华笔试的分数，语文60分，数学50分。因为数学成绩不够，压根无缘面试。

隔了一周，高考成绩出来，他在国内读大学的路就中断了。虽然北大愿意给他加最高的一档——60分，上海科技大学也向他示好过，但分数不够一本线，自主招生的加分也是无用的。就在那个晚上，姚悦下了决心，不复读，不做别的争取，去亚利桑那读大学。

高考前，姚悦读到过一篇文章，是写2012年诺贝尔奖生物学得主约翰·格登的。得奖的时候他已经79岁了，在他剑桥大学的办公室里，还保存着一张他中学时的成绩单。成绩单被装裱在一个精致的木质相框中。格登15岁那年，在伊顿公学的250名学生中，他的生物课成绩倒数第一，被授课老师评价为"非常愚蠢"。64年之后，他彻底证明了，那个老师是一派胡言。

高考成绩出来，姚悦想起格登的故事，然后做了个决定："我要把这张高考成绩单裱起来，60年之后，也许它会发挥特别的价值。"

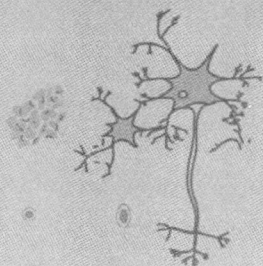

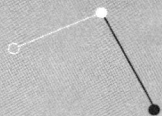

张逸中　叛逆的天之骄子

他觉得没什么用的课，压根儿就不出现，甚至有四五门课程不及格。张逸中"疯狂"，不在乎学校成绩；他的父母"疯狂"，也不在乎成绩。幸运的是，他还碰到了几个同样不在乎成绩的老师。

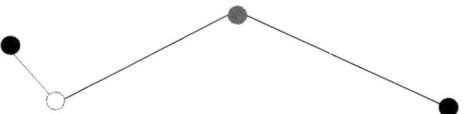

Part 2

用0和1破解美国尖端芯片

2009年，在华东师范大学信息科学与技术学院的本科宿舍楼里，流传着一个消息。有个叫张逸中的在找人分析数据，他付费。活儿比想象的简单，抱着一堆写满0，1，0，1的纸，做分析、交差、拿钱，再领下一个任务。那更像是"苦力"，但很多人都加入了。

张逸中那年上大二，刚刚20岁。他中等个子，面容清秀，戴着一副眼镜。但他并不是个书呆子。他喜欢踢足球，甚至差一点儿成了运动员。张逸中聪明、独特，还有点桀骜不驯，以逃课闻名。那时，他有着一个听起来非常疯狂的想法——破解美国尖端芯片。

他瞄准的是一种叫可编程门阵列器件（FPGA）的芯片。那是一种可以通过编程来改变电路的芯片，被称为"芯片当中的芯片"。这种芯片广泛应用于民用和军用设备，导弹、卫星、航天飞机都会用到它。不过，该技术一直被美国独家掌握。直到现在，很多尖端芯片对华出口都还有严格限制。

这种芯片有个特点——它的电路是可以通过编程改变的。因此就算拿到芯片，如果不知道电路是如何设计的，也无法复制。

张逸中想找到一套逆向破解芯片图纸的方法——不用破坏芯片样本，就能破解出芯片的电路图。如果实现，中国国防领域的发展可能会有重大突破。

他暗自摸索，试过了很多种方法，最终靠直觉找到了一个方向。越多的分析结果，越印证他的方法可能是有效的。但想继续下去，需要大量的数据分析。于是，他开始更大胆地尝试，购买了更多FPGA芯片，逐一实验，工作量越来越大，就开始雇人。

最初，学校老师并不知道这个项目的存在。他想参加全国大学生挑战杯比赛，必须申报项目，老师们才知晓。但没人看好，"系里的老师，都觉得我做不出来"。国内这个领域几乎是空白的。张逸中曾经搜索过国外的信息，"只有一个法国团队尝试过，但没多久，他们就放弃了"。

张逸中说："好在我们学校管理项目经费的是另外一拨人，他们觉得这个项目重要，拨了几万块钱。他们要是去问一下我们系里的老师，我可能就拿不到那笔钱了。"有了资金，张逸中才雇得起人分析数据。"人数最多时，一栋楼里，有30多个人在给我干活。"

最早被他抓壮丁的室友吴强成了项目核心成员。他也对这个着了迷："那像是拆解一连串的谜题，解开第一个，之后就停不下来了，总是想解开下一个……"两年中，他们几乎是在用全人工计算的方式推进。但突破不断地出现，"有一部分电路图被还原出来"，虽然离完全破解还有遥远的路程，但是，已经证明了方法是可行的。

张逸中的项目一报到学校，就毫无悬念地被选中了。大学本科，几乎所有学生都在上课、考试，很少有做科研的。张逸中是个奇葩。华东师大团委的陈老师看到这个项目，完全惊呆了："大二的学生，居然在研究这个。"更让他惊讶的是，"他根本没有老师指导"。

那已经不是张逸中第一次让别人感到震惊了。

少年的烦恼：如何从做机器人到科学研究

张逸中从小就对各种装置感兴趣。他六七岁时，设计了一副电子军棋，电路板都是他自己做的。不过，那时他就是个聪明的男孩，还不至于让人震惊。张逸中受父亲影响比较大。他父亲当时在华东农机做销售，很喜欢摆弄音响，并且观念开放，喜欢各种新鲜事物，后来改行做了动画制作师。

张逸中的父亲一直都有一种观念——成绩差不多就可以，高一

— 薛来 —

2011 年 Intel ISEF 计算机科学的学科最佳和欧盟奖

项目：一副眼镜，可以直接用人的手，实现最自然的人机交互

— 万若萌 —

2014 年 Intel ISEF 植物学的学科最佳奖

项目"为什么陆生植物不含高效吸收绿光的光合色素？"

— 张逸中 —

2005 年 Intel ISEF 计算机科学类二等奖

项目"构造精确时及软硬件齿合的可重构系统内核"

— **张溪典** —

2014 年 Intel ISEF 美国兽医协会颁发的环保项目一等奖

项目"农村小水体面源污染对水龟生存的影响探究"

研究普遍被定义成课外活动，同学里几乎没有我这样的，他们都是好学生。"

在初三中考压力最大的时候，张逸中又做了第二个机器人。有一天，他在路上走着，看到一个工人吊在大楼的窗外，画室外广告牌，摇摇晃晃，很危险。他就又冒出来一个念头——如果做个机器人，能喷绘，就可以代替人来做危险的工作。这个机器人远比第一个复杂，需要机械、电子、物理、计算机各个方面的知识，尤其是机械部分，他从未接触过。

张逸中做第一个机器人时，在杨浦区的少年科技指导站。虽然学校并没有给张逸中肯定和支持，但科技站还是给那些爱科学的小孩提供了一个空间。站里有个朱老师，是南京航空航天大学机械系毕业的，看到张逸中对机器人感兴趣，就一直帮他。

朱老师给他讲了一些机械齿轮的构造，也教他怎么用车床加工零件。科技站有台设备，本来不对学生开放。朱老师很喜欢张逸中，就破例允许他用车床车的零件。

设计，制图，加工零件，设计电路，写驱动程序，把液体的颜料气化，然后喷射出来，为了做机器人，这些任务都是张逸中自己完成的。他说："辛苦，但很享受。"张逸中每天都要骑一个小时自行车到学校，然后再去科技站，他的双休日、暑假也都是在那儿过的。"对于我们这类人，没有简单和难这一回事儿。人遇到自己不愿意做的事儿，才会考虑简单还是难。任何问题都是未知的，都要学习。女孩子做烘培，又要揉面，又要打蛋，我看起来相当难，她们却挺享受，都一个道理。"张逸中说。

一年后，机器人做出来，比张逸中还高，有着复杂、灵活的关节，能完成预期的任务，也拿到了上海市机器人比赛的一等奖。但没过多久，他又不满足了："我是可以通过双手做出一个比较复杂的东西，接下来呢？继续做更复杂的机器人？"

制作机器人是一个综合的学科，各方面的技能都要有，比如机械、电路、计算机编程，不过也容易出现一个问题——样样都懂一点，但又都不精通。是不是应该专攻一种？很长时间，张逸中都在惶惑、犹豫。但无论是父母，还是科技站的老师，那时都没法再帮助他了。张逸中说："怎么能从'动手能力强'的小孩，变成能严肃地开展研究的人，没有人给我指出一条道路来。"

没多久，一次Intel ISEF分享会改变了他。

令人大开眼界的 Intel ISEF

2004年夏天，上海青少年科学社搞了一个沙龙，邀请当年上海Intel ISEF的获奖者分享他们的一些故事。

Intel ISEF在那一年，已经是第55届。从2000年开始，中国就派出选手参加。那一年，是上海队收获最大的一年，出了几个明星般的人物，比如吕亚佳、凌晨、朱元晨……其中，朱元晨不仅拿到了计算机科学的一等奖，还得到了几项专项奖。那时，他已经被哈佛大学录取了。在2003年上海科技创新大赛上，张逸中见过朱元晨，从那时起，张逸中就视他为偶像。

这次沙龙是在上海科技会堂举办的。朱元晨、吕亚佳、凌晨等十来个人坐在台上，一字排开。台下有四五百个跟他们年纪差不多，或稍微小几岁的少年，张逸中也是其中一个。

张逸中对朱元晨的讲述格外留意。朱元晨的成长环境与众不同，他的父母都是大学教师，有独特的教育理念。他父亲坚信两个科目最重要——英语和数学。所以，朱元晨初中就把高等数学自学完了，他的英语也不错。平时家里人对朱元晨也不是特别严格，他可以做自己喜欢的事情。朱元晨爱玩游戏，也学过计算机编程。他发现，一玩3D大型游戏，计算机就变得特别慢。他就琢磨怎么解决这个问题。他发现计算机其实很笨，显示一个三维模型杯，人也就只能看到前面的部分，背后是看不到的。他想，能不能把背后的那部分简化了，这样就会减少占用的资源，速度就会提升。他后来把这个想法实现了。他的这个研究不光可以用在游戏上，也可以用在其他三维显示上。

张逸中听了很惊讶，在他从小参加的各种比赛中，学生、老师都抱有一种态度：做个东西玩儿，或者能做出来一个东西就不错。那个沙龙，让他改变了看法。"他们是在从事科学研究！"如果就是朱元晨一个人，冲击力也没那么大。"台上坐的十来个人，都是如此，就挺震撼的。"

凌晨和吕亚佳做的项目，本来和张逸中关心的计算机、工程都不相关，但他听起来也一样有所触动。

凌晨个子不高，当时他已经在复旦大学读生命工程专业。他的故事让人感慨不已。

他做了个项目——研究中药马齿苋延缓衰老的作用。他用果蝇和白鼠来做动物试验，证明马齿苋确实有抗衰老的作用。他给一组小白鼠吃了马齿苋，另外一组没吃，让两组小白鼠都不眠不休地跑。没吃马齿苋的那组先累死了，用这个方法来证明马齿苋有延缓衰老的作用。

凌晨用这个项目去参加Intel ISEF，伦理道德委员会认为，累死小白鼠这种方式过于残忍，不允许他参赛。一再争取，组委会同意他只有把小白鼠试验数据删除，才能参加比赛。凌晨缺了一半数据，以为拿奖无望，颁奖前自己溜出去买光碟，颁奖典礼进行一半了才匆匆赶回，意外地拿到了植物学二等奖。因为他的果蝇试验部分，完成得实在太出色了。张逸中听了也心有所感："那时我才知道，做科学研究是要有个完整的体系的，规范性、严谨性都需要考虑到。"

另外一个给张逸中印象很深的人是吕亚佳。那是一个有着小麦色皮肤的女孩。这个女孩非常活跃，她是个无线电测向运动员，自己拍摄过纪录片。她和另外两个人做了个环保的项目。他们学校里有条河，河水被污染，散发着臭气。他们用了一套办法，养鱼、栽种植物，几年把环境治理好了。最初，这个项目，吕亚佳上一届的师兄就开始做了，他们毕业了，她继续把它做下来，前后连续做了几年。

张逸中很惊讶于他们的执着，吕亚佳的项目连续几届的学生都在努力，朱元晨的课题前后做了三年。这给了张逸中很大触动，"他们那么执着地把自己的想法变为现实，然后崭露头角，这才是年轻人应该做的事情。"

后来，张逸中也成了他们那样的人。"我们后来也都有联系，总是会问对方在做什么研究。"

2004年分享会之后没多久，张逸中决定把计算机作为自己的主攻方向。

张逸中在做机器人时，遇到过一个问题。电脑编程时，如果同时打开几个软件，速度就会变得非常慢。"计算机的工作方式跟人完全不一样，人可以一边听音乐一边打字。计算机不是这样的，打一会儿字，然后把工作放下，再去放音乐，放一会儿再回

他们那么执着地把自己的想法变为现实，然后崭露头角，这才是年轻人应该做的事情。

来。它会在两件事情中来回切换。但如果同时让它做10件或者更多的事情，CPU的性能会急剧下降。"张逸中后来重新设计了电路，让CPU的效率变得更高。

张逸中参加上海青少年科技创新大赛，一个人拿了7个奖项。此外，上海交大、复旦大学都给了他专项奖。他像当年的朱元晨一样，出色、耀眼。但让他极为意外的是，他的项目并没有被推荐去参加全国比赛。一些评委认为，他的项目和朱元晨的项目太类似了。"朱元晨做的是计算机图形学的项目，而我做的是半导体硬件方面的，这完全是两个领域。"但他无法左右评审结果。

张逸中后来听说，陈红在搞上海青少年科学社，可以直推选手参加Intel ISEF冬令营选拔赛，就又跃跃欲试。张逸中那时已经升入高三，没多久就要高考。张逸中跟父母谈了一次，他说："高考每年都可以参加，我不在乎一次高考，Intel ISEF对我来说，可能就这一次，我想去。"父母支持他的决定。

上海青少年科学社每年都有一次面试，专家们会选拔那些优秀的项目。几轮面试过后，张逸中如愿进入。又过了三个月，有一天，陈红把张逸中叫到办公室说："我关注你很久了，你的课题大家还是很认可的。我会把你推荐到中国科协，如果他们也觉得你的项目不错，就会送你去Intel ISEF。"张逸中站在陈红的对面，高兴得手有些发抖，脸上似乎写着"开心"两个字。

在很多学生眼里，陈红非常严厉，果断、雷厉风行，经常有人被她骂哭。因为太严厉，很多学生看到她都绕道走。但她非常聪明，对项目判断非常有经验。她所组建的上海青少年科学社隶属上海科协，在全国各省市的教育系统中，这个组织是独一无二的，能调动各种资源支持从事研究的会员。

不过，陈红也不得不面对各种各样错综复杂的人情关系。来参加科学社的学生，有的人出于自己的兴趣，有的人是出于家长或者老师的要求，也有的人为了获奖，争取保送。这些人中，陈红还是能发现到底哪些人对科学有极大兴趣。无论是张逸中，还是后来的姚悦、陈嘉延，讲起自己项目的时候，眼睛里都会发着光。对于这样的学生，陈红都会尽力支持。"她知道我非常珍惜这个机会，很多人其实并不太在乎。"张逸中说。

在科学社，张逸中见了很多专家。"项目有哪些缺陷，哪些地方需要完善，他们给了我很多意见。"在中学里，不可能遇到大学教授，但好在科学社请了各个学科的教授。"从那时起，我意识到自己有个问题——缺乏规范的学术训练。"

计算机同时运行若干软件速度会变慢，频繁的切换降低了CPU的工作效率。张逸中认为CPU的部分性能被浪费了，想挖掘CPU潜在性能来解决这个问题。

为什么这个问题是一个问题？如何把这个问题用数学符号表达出来？在中学里学习数学，答案自己推导，但问题是别人提的。做研究，题目自己出，答案也是自己答。要用很规范的数学符号把问题描述清楚，然后才是提出假设，最后找到解决方案并且验证它，这是从事科学研究所必需的步骤。一直到后来，自己开展更复杂、更艰巨的研究，张逸中才意识到，这种训练到底是有多重要。

张逸中后来去美国参加Intel ISEF，发现美国学生的展板和资料都有明晰的步骤，非常注重科学性。"中国国内的比赛和Intel ISEF大赛是有明显区别的：中国国内的比赛，偏重的是技术，更看重做出来的东西；Intel ISEF对于科学研究的每个步骤都是非常重视的。"

Intel ISEF那段经历，让张逸中相当难忘。他的感受来自各个方面，评委都很友善，也很专业，选手也都特别友善。他答辩时，旁边一个美国男孩把自己项目扔一边，帮他跟评委沟通。"很受鼓舞，感觉也很美好。"其他选手的项目也让他大开眼界。匈牙利的一个男孩丹尼尔（Daniel Rátaig）给张逸中印象很深。丹尼尔做了一副3D眼镜，戴着那副眼镜，电脑屏幕上显示的物体就是三维的。当时，3D电影还没有出来，那种技术是全新的。丹尼尔是匈牙利冯·诺依曼计算机学校毕业的。那所学校是欧洲名校之一，在计算机方面很强。

在Intel ISEF上，张逸中最终拿到了计算机科学类的二等奖。虽然美国计算机协会、美国专利局、英特尔都给了张逸中专项奖，他也是那年中国队成绩最好的一个选手，但他一直挺遗憾。"这件事情对我的触动是全新的，让我看到了自己的问题。有些地方可以做得更好，比如，英文能力、沟通表达，也有一些技术的问题，算法或者一些细节需要改进。"

少有人走的路

为了参加Intel ISEF，张逸中几乎孤注一掷。他没参加国家比赛，这意味着他没法取得保送资格。Intel ISEF获奖之后，他回去继续准备高考，甚至做了考不上复读一年的打算。离高考还有三四天，他才确定被保送了。

张逸中被保送进华东师大的软件学院，学他最感兴趣也最擅长的专业。一入校，他被安排了各种演讲、报告，但春风得意的日子并没过上几天。

大学本科的很多课程，依然沿用了高中的教育方式——把教材变成一种硬性方式，让学生去背，考试，就是考第几章第几节的哪个内容。有些课程，张逸中不愿意上，他也觉得没有必要上。"很多教材还是20世纪80年代留下来的，根本没有考虑到学生的要求，这些不仅跟就业没有关系，跟我的研究也没有关系。"

他觉得没什么用的课程，压根儿就不出现。因此，他跟很多老师发生了冲突。他想不上课，只去考试，但几个老师都不同意。到最后，他有四五门课程不及格。院长和系主任找他谈话。

"他们劝我不要这样，得给老师留一点面子。他们的观念，就是应该把基础打坚实，成绩考好。考不到90分，别的都免谈。"

张逸中依然我行我素，甚至成了系里的一个麻烦。"有的人觉得我不错，但也有的人觉得我不好，最不听话。"父母也劝他，没必要跟学校的管理制度作对，书还是要念，即使没什么用，不然，连毕业证都拿不到。这次，张逸中没听父亲的："我觉得那根本就是在浪费时间！"

以挂科为代价争取来的时间与自由，他都用在了完善项目上。

2010年，张逸中参加了大学生挑战杯竞赛。他在8个中科院院士面前介绍了自己的项目，让院士们都很吃惊。"有个老院士，年纪非常大了，答辩结束了还不肯回去休息，一直拉着我问。送评委的车都要开了，工作人员找不到他，快急死了，后来发现，他居然还在会场，根本没离开。"

张逸中后来在挑战杯竞赛中拿到了一等奖。他后来把项目写成论文《FPGA位流解析及逆向工程》，作为自己的本科毕业论文。比赛之后，张逸中的研究并没有停止，他设计了工具软件进行数据分析，比人工分析速度更快。整个项目，用了5年时间才最后完成。张逸中和项目组一起破解了30多种FPGA芯片的图纸。

张逸中虽然证明了自己的科研能力。但在研究生保送时，他还是遇到了麻烦。学校把成绩当作最主要的衡量标准。就算他拿到了全国比赛的一等奖，也只能在成绩上加20分。在系里，他成绩排名第八，但一个有四门挂科的人，会被保送么？

大四的一天，张逸中冲到了华东师大软件学院何积丰院士的办公室。他跟秘书说，想见见院士。秘书说，他的想法会帮着转达。张逸中以为他在敷衍，但还是写了个自己的简历，留下了。

几天之后，张逸中接到电话，何积丰院士要见他。

为什么要保送最不听话的学生

很多年里，张逸中是那种让很多人羡慕的人。从小到大，他成绩一般，但总能遇到伯乐。在中国庞大的、令人生畏的教育体系里，中考、高考、研究生入学考试，每个有个性的学生，头上都有个紧箍咒，但张逸中的那个紧箍咒，总在关键时刻被取下来。"我没参加过中考，没参加过高考，也没参加过研究生入学考试，都是保送的。这是特别幸运的。"

张逸中"疯狂"，不在乎学校成绩。他的父母也"疯狂"，也不在乎成绩。更重要的是，他幸运地碰到了几个不在乎成绩的老师。

初三，有一天，张逸中在杨浦区科技辅导站忙着做机器人，被站长胡德碰到了，胡德觉得他实在是个可造之材，写了一封推荐信，让他拿着信去找控江中学的副校长徐国民。

控江中学是一所能在上海排到前五名的重点学校。"徐校长不在，另外一个人接待了我。"张逸中给他看了自己做的机器人的照片。那老师又盘问了他40分钟，才让他离开。那时，离中考还有半年，之后他就把这件事忘了。

中考前两个月，忽然有一天，班主任告诉张逸中他被保送到控江中学了。后来，张逸中才知道，盘问他的人是控江中学的校长吴伟国。徐国民和吴伟国一起开车到同济中学，点名要张逸中。当时同济中学只有一个保送名额，原本要保送一个成绩最好的学生。两个校长都说："既然他成绩那么好，考也考得上，名额还是给张逸中吧。"

2005年，张逸中在高考前参加Intel ISEF，需要校长签字。又是徐国民校长，爽快地签了字。一旦张逸中高考失利，会影响学校的升学率。"有的学校，选手参赛，学校会取消其高考报考资格，留一年再考。徐校长当时说，你先去比赛，别的回来再说。"

张逸中Intel ISEF获奖之后，徐国民校长和上海科协又特意去教育部为他争取了保送资格。"一般自主招生都是3月份，过了那段时间，再去争取其实是非常困难的。"校长后来又和几所大学的招生办都联系过。最终有惊无险，他顺利被保送了。

2010年，张逸中再次遇到了伯乐，也就是他后来的导师何积丰院士。何积丰院士的学问、人品都有口皆碑。他是国内软件行业中举足轻重的人物，曾经提出了一套算法，可以检验高铁、航空、汽车电子等系统是否安全，也曾经两获英国先进科技女皇奖。他妻子失明多年，一直都是他照顾着，从未放弃过。张逸中一直都很崇拜他。张逸中并没想到，因为自己一时冲动之举，何积丰院士真的答应见他。

张逸中带着自己项目的资料，在系党委书记陪同下，去见了泰斗级的人物。"他讲话不多，但思路清楚，言简意赅。"他问了张逸中的兴趣，张逸中就讲了自己对软硬件协同的兴趣，以及之前做的两个项目，大约聊了一个多小时。张逸中很紧张，去之前，有朋友给他出主意，让他直接表达想跟院士读博士的想法，张逸中觉得难以启齿，并没提起。何积丰最后问他："你想不想做我的博士？"张逸中大喜过望，立刻说"肯定好"。

张逸中当时面临一个非常尴尬的问题，线性代数他重修了两次。虽然在编程中会用到很多这门课程的知识，他早都熟练掌握了。但他不上课，老师就不让他过。重修依然是同一个老师，还是不过。这门课程是必修科，不过，本科毕业证都拿不到。何积丰院士后来专门写了封推荐信。学校特批，让张逸中先读研究生，再补修这门课程。直到换了授课老师，学了第三次，他才通过。"系里还是有一些老师不理解，怎么能保送这么不听话的学生"，但何院士看好的学生，他们也没法阻拦。

绝大部分的人都认为，中学生不能做研究，本科生也不能，只有在读博士的时候，才要搞科研。因为科研能力强，张逸中很快就升为讲师。博士没毕业，他就带着硕士生做课题了。

回到梦开始的地方

张逸中读博士以后，一直在上海青少年科学社做志愿者。这像是一种回报，他曾经得益于此，又想给像他当年一样热爱科学的青年以帮助。

2013年9月，陈红找到张逸中，让他帮挑选能去参加Intel ISEF的项目。当时，第一轮已经评完了。专家筛选出来的项目，陈红看过，"没有能让人感觉眼前一亮的"。张逸中又重新翻申报资料，看到了姚悦的项目，"只是一个初步的想法，但思路、用数学方式的表达，都很有意思"，张逸中当时拿着姚悦最初写的报告，在科学社读给别的老师听。他跟陈红说："这个项目可以培养。"在那之前，专家们都不看好，认为"不像是一个孩子做的项目"，或者"根本做不出来"。

张逸中后来见到姚悦，对他印象很好，"他很内向，但有自己的想法"。张逸中感觉，姚悦的性格很适合从事科学研究，"外表很柔和，但对研究又很固执"，于是他就做了姚悦的指导老师。

中国选手虽然参加Intel ISEF不过十四五年，但已经形成了一个独特的传承。朱元晨、凌晨他们影响了张逸中，而张逸中又影响了姚悦。这种影响，不面对同样的境地，其他人甚至完全无法理解。他们互相鼓舞、互相激励，而后来者，又能汲取前人的经验。

为了帮助姚悦准备评委答辩，张逸中请了华师大中文系的朱老师帮忙。训练一个理科生，把一个艰深的计算机项目讲给一个对这个领域完全陌生的人听，这看似有点别出心裁。

在张逸中与Intel ISEF大奖失之交臂之后，他就意识到自己语言表达有问题。虽然后来在几十场讲演里，他发现，熟练、反复讲可以让人更放松，讲得更有趣。但直到在大学参加挑战杯比赛之前，他才彻底意识到自己的欠缺。

华东师范大学是个传统的文科强校，那些年就没出现过理科的大奖。帮助学生准备项目的老师都是文科老师——学社会学的、学中文的、学教育学的。张逸中跟他们介绍项目，满口术语。"我觉得自己在技术上非常牛、非常高级，从头到尾都是技术。结果被老师大骂，说你这什么东西，没有重点、没有思路、没有核心价值。我听了，气得要死。"但他后来再看，当时真是语无伦次。

"我后来才意识到，技术根本不是关键，关键是思维方式。中国的大部分理科生都面对一个问题——永远说不清楚自己干什么。一个简单的问题能答，几个问题放一起，根本不会总结、归纳。我当时有这个问题，姚悦、陈嘉延都有这个问题。"

　　这是件什么事情，你做了什么，价值在哪儿，你是用什么思路完成的，结论是什么，缺陷是什么……这些问题老师反复跟张逸中聊，重新帮他梳理清楚。"我们的语文教育，从来就不是以培养人的思路为目标，而是背。我直到那时，才知道表达有多么重要，语句逻辑是什么意思。从没有人系统告诉我一个完整过程，哪些环节需要思考什么问题，没有人教过这些。"

　　"用三分钟表达清楚一个问题，这是需要训练的。"比赛时，"他们按着秒表，我答问题不会差两秒。8个评委围着我提问，我都能对答如流"。

　　张逸中把自己当年的经验用在姚悦身上。在上海市赛前，他让朱老师给姚悦做模拟训练。虽然姚悦用心准备过，但面对朱老师咄咄逼人的提问，"当时就晕了"，"他要求我分别用1分钟、3分钟、5分钟、15分钟讲一下项目；老师从各个不同的角度发问，好多问题都是我根本没想过的"。姚悦反复训练了几天，终于可以不像是背诵论文，而是能繁简得当，非常清晰、自如地回答各种"刁难"了。姚悦后来拿到Intel ISEF的大奖，也算替张逸中完成了当年的愿望。

　　目前，张逸中除了从事科学研究，还担任上海STEM云中心的负责人。

　　他带领团队，开发新的教学课件。当然，他培养人，不再用考试成绩衡量他们。他希望，他们能去挑战那些别人看起来不可能的任务。

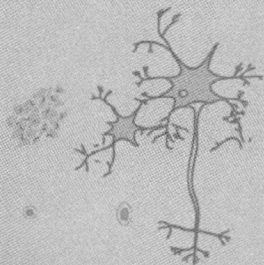

薛来　网络时代的"狩猎"高手

会讲三国外语，十几岁便轻松掌握多种编程语言，并把科幻片里的人机交互变成了现实。他说如果在远古时代，自己应该是个猎人部落的酋长，因为他精通如何在纷繁的网络中最快捕捉到自己需要的知识。

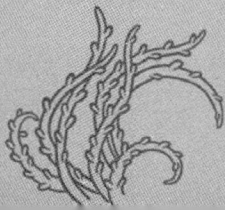

Part 3

科幻片里的东西：三维体感器

2013年年初的一个晚上，德国慕尼黑下着大雪。薛来还在犹豫着要不要出去吃一顿中餐。电话响了，林晨阳在电话的那端，兴奋地大叫"10万美元我们拿到了"。薛来瞬间觉得自己变成了气体，从地面弹起，落回，继续弹起。他在办公室里，上蹿下跳。几个像足球一样的靠垫，也被他踢得乱飞。

林晨阳拿到了10万美元的泰尔奖学金（Peter Thiel Fellowship）。

彼得·泰尔是PayPal的创始人，也是全世界最成功的技术创业投资人。2004年，他为哈佛辍学生马克·扎克伯格投资了50万美元，获得了7%的Facebook股份。泰尔总是偏爱那些辍学的天才创业者，他认为高等教育非常失败，为鼓励那些真正优秀的人创业，每年会给全球20个20岁以下的创业者10万美元。那笔钱，并不是投资，只是单纯的奖励，不需要出让股份。

林晨阳和薛来是高中校友，林晨阳比薛来高一届，都疯狂迷恋新技术。高中最后两年，他们因为一起做Intel ISEF项目，成了好朋友。2012年年底，林晨阳频繁地给薛来发邮件。他被美国一所贵族大学艾姆赫斯特学院录取，但学费高昂，想自己创业，问薛来要不要加入。薛来当时在慕尼黑，帮一个德国人做项目，进展不顺，进退维谷。他一提，薛来就答应了。

薛来和林晨阳一起讨论过很多次，到底要做什么产品，最后决定做三维体感传感器。

2013年年初，他们还只有一个概念。薛来用这个概念做了一个视频演示，发给了林晨阳。那年，薛来21岁，过了泰尔基金申请的年龄。林晨阳刚19岁，就由他去申请。

拿到泰尔基金没多久，林晨阳又申请到了美国的创业孵化器IRON YARD，得到2万美元的资助。他和薛来在美国接受了半年创业培训，之后，真正的创业开始了。林晨阳负责找投资，薛来负责产品研发。

三维体感传感器到底是什么？简单点说，就是装有摄像头的装置——它通过独特的算法设计，能识别人的手势。斯皮尔伯格有一部科幻电影——《少数派报告》，曾经幻想过这种人机交互的可能性。汤姆·克鲁斯站在远处对着屏幕挥舞双手，就能控制大屏幕上的图片，推拉移动，极为酷炫。薛来去见投资人，投资人都会问"你要做的和《少数派报告》里的有什么差别？"每次，薛来都会自信地回答："真实生活中，手举那么高，太累。汤姆·克鲁斯要带个手套才能操控，其实，完全不需要。"

2013年8月，薛来把这个比科幻电影还要神奇的产品命名为Haptix。他们在众筹网站Kickstarter上放了一个小视频，为产品征寻支持者。那时，他已经为这个产品日夜工作了3个月。"上线以后两分钟，第一个50美元进来了，正好是两分钟，我数着表呢，当时心里咯噔一下，真的有人给我们钱。"后来不断有钱进来。"第二个小时，我们的账上应该已经有5000~8000美元了。我觉得已经没有什么语言能够形容当时的心情，非常复杂。很心酸，又觉得很值。"到了第10天，有2000多个人对这个未来的产品产生了兴趣，最终他们筹集到了18万美元。

> 我觉得已经没有什么语言能够形容当时的心情，非常复杂。很心酸，又觉得很值。

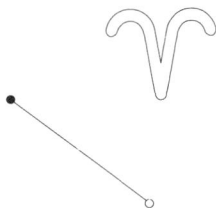

2014年4月，这个神奇的装置不再是个概念，样机已经夹在薛来的笔记本电脑上了。它小巧玲珑，仅仅比U盘大一点，里面装有两个摄像头。它不仅可以替代普通鼠标，用手指操控光标的移动，甚至可以替代立体鼠标（3D mouse）。只要你把手轻轻地从键盘上抬起，它就自动进入三维识别状态，捕捉到你每根手指在空间的位置。

这个神奇的装置也有了更好记的名字，不再叫Haptix，而叫Touch＋。创造Touch＋的并不是一个强大的研发部门，主要是薛来，最核心的软硬件设计都是由他完成的。

和"都教授"一样酷

在上海市松江区月厦新天地的14楼，有两个紧挨着的房间，薛来占据其中一间，他的高中同学李贤基占了另外一间。两个30多平方米的开间，里面只有最简单的家具：衣柜、床、桌子、椅子。那里既是他们的工作间，也是卧室。两个瘦高的男孩从长长的走廊里晃出来，一起出去吃饭。他们通常会在住处附近的川菜馆，吃着麻辣川菜，用英语热烈地交谈。

薛来和林晨阳创业没多久，李贤基也加入了。在做Intel ISEF项目时，他们就是三人组合。李贤基是个韩国人，20岁，脾气急躁，但相当聪明，高中时的梦想是能够进入NASA工作。为了靠近梦想，他去佐治亚大学读航天工程，进入那里才发现，如果不是美国人，有些实验室的门都进不去，进NASA更是幻影。李贤基就辍了学，和薛来他们一起创业。

三个男孩，注册了一家公司，英文名为Ractiv，取自于单词"interactive"，基于他们对人机交互方式一贯的兴趣，中文名是"睿科技"。

公司不大，只有十几个人，但相当国际化，员工来自6个国家。林晨阳是CEO，他是新加坡人，再加上投资方是新加坡的红点创投。于是，公司注册地就放在了新加坡，可以享受当地的优惠政策，比如，政府会替他们支付70%的员工工资。由此，他们可以聘请优秀的工程师，最高的薪金每月可达数万美元。

Ractiv完全是一家属于新时代的公司，年轻、国际化，甚至连核心办公地都没有。林晨阳常驻新加坡，薛来和李贤基在上海。工程师们则分散各地，上海、杭州、新加坡、美国……他们沟通主要通过电话和网络。他们在美国也有个中心，但所谓的"中心"，不是宽大的办公室，而是一个重要的人。林晨阳说服了以色列人Ohad Shuveli，加入了Ractiv，他负责公司在美国的运营。

Ohad Shuveli经验丰富，在硅谷也广有人脉。他并不是怀有天才想法，初出茅庐的年轻人。他曾经是以色列创业公司Prime Sense公司的核心成员，微软Kinect（2009年发布的一种3D体感摄影机）的技术就由这家公司提供。Ohad一直梦想能做出受人尊敬的产品。虽然Prime Sense在2013年被苹果收购，他从中赚了一大笔钱。但他追求的从来就不只是钱，公司卖掉以后，他一直也在留意3D体感类的创业公司。

林晨阳辗转听说了Ohad，给他写了封邮件，邀请他到上海参观。薛来为他订好了机票、酒店，为了赢得信任，他甚至在写字楼里租用了一个办公室。Ohad到了上海，跟薛来聊过，就被薛来说服。不过，他一离开，薛来立刻把办公室退掉。直到现在，也没再租过写字楼里的办公室。

薛来现在是Ractiv的CTO，这个没读过大学、22岁的年轻人，既是程序员，也是工程师，管理着杭州、新加坡和美国的工程师团队。他清秀、纤瘦、温柔、嗓音清亮、精力充沛，像是热播的韩剧《来自星星的你》中都敏俊的现实版。

外星人都敏俊高智商、不睡觉、有超能力，400年的积累，让他变成一个知识渊博的人。薛来也不逊色，在太空有颗小行星以他的名字命名，标号NO.25580xuelai，那是Intel ISEF大赛的奖品。他每天睡三四个小时，除了是计算机高手，21岁就熟练掌握英语、德语、捷克语、波兰语，当然，还有汉语。他目前还在自学意大利语。和傲娇、毒舌、整天装酷的都敏俊相比，他是温暖型的，对人体贴、周到，像是某种发光体，永远都带着温暖的能量。

这个发光体，在30平方米、有点拥挤的房间里昼夜燃烧。门上贴着一张海报，薛来戴着一副硕大的眼镜，像是天外来客。那副眼镜就是他在2011年Intel ISEF大赛上拿到大奖的装置。

薛来的阵地是一张1米6宽的桌子。一天里，除了吃饭、去洗手间，他都在桌子旁边。床基本不用，睡觉就趴在桌上。桌子上堆满了各种物品，像是电子市场里电子产品的小修理铺子。拆卸开的旧电子产品，镊子、剪子、钳子、烙铁……还有MacBook Air、耳机和可乐。Touch＋软硬件最核心的部分，都在这张桌子上诞生。

2014年4月初，样机做出来了，但算法还需要完善。众筹网站上承诺的发货期，已经一推再推。林晨阳又打来电话。罗技，就是那个著名的做鼠标的公司，对Ractiv表示出了兴趣。罗技的人说，从他们在Kickstarter上发起众筹时，就开始留意他们了。

对一家小公司来说，如果被罗技收购，或者是有技术合作，机会都难得。薛来和林晨阳定好，5月份飞旧金山去见他们。但是，那也意味着，4月份必须加紧提升优化。

这时，薛来意识到一个严重的问题——他虽然是非常好的程序员，但并不是一个好的管理者。他疯狂忙碌，每天只睡三四个小时，但雇佣的一些工程师却整周无事可做。"他们总按教科书里教的方法写程序，视频需要处理大量数据，那种方法太低效。"时间相当紧迫，所有的工作，他只能重新做。"要知道，我写的代码，肯定都是书上没有的。"

从公立学校的差生到国际学校的阳光少年

大约10岁时，薛来写下了他人生中的第一个程序——一个非常简单的小游戏。那是在捷克斯洛伐克的布拉迪斯拉发。

薛来出生在成都，父母都在大学工作，母亲从事对外汉语教学。他10岁那年，母亲去捷克斯洛伐克教汉语，把他也带去了。他是班上唯一的亚洲人，开始不懂斯洛伐克语，也没有朋友。他每天都独自一人，在家里打电子游戏。那时，他萌生了一个想法："如果能把同学做成游戏里的人物，也许大家会喜欢我。""我用谷歌一行行地搜代码，在程序员论坛里向别人请教。"他发现英文论坛更愿意帮助菜鸟。两个月之后，游戏做出来，同学接纳了他。从那之后，他成了一名程序员。

在欧洲的几年生活，给薛来带来很大的影响。因为课程简单，大量的时间他可以自由支配。母亲相当开明，他可以随性而为。他把时间用在乐高玩具、动画片和电子游戏上。他语言方面的天分，很自然地被开发出来。没隔多久，他的斯洛伐克语讲得和当地人没什么区别，还能用日常的德语、英语与别人进行交流。一个奥地利儿童电视台终日放着德语版《七龙珠》。"估计是版权太贵，整年就放几部动画片，听多了，德语就懂了。"薛来和一个美国外交官的儿子成了朋友，两个人总在一起玩，因此，英语口语也不错。"把知道的每个中国笑话都给他讲了。"薛来说。

那段时间，薛来也陆续自学了几种计算机语言——Action Script、Java Script和Java。他也把这些看成是真正的语言，"不过就是懂得的人更少。"

三年后，薛来回到成都。一切都变了。

东欧的数学教育落后于中国。回国后，薛来的数学废掉了。几年不说汉语，他的语文也废掉了，作文错别字满篇。薛来被安排在最后一排，跟差生坐在一起，成为老师们的众矢之的。反复地被点名、辱骂、罚站……"那像是一种自我实现的预言。别人说你差，也就真的差了。"

薛来倒没有什么挫败感。"我属于多巴胺分泌过多的一种人，从不抑郁，很少有负面情绪，经常莫名其妙地高兴，走在路上都会傻笑。"但正因为如此，老师也会格外生气，只有小痞子才会嬉皮笑脸、顽劣不化。

虽然并不沮丧，但是他一整年都处在一种惶恐不安的状态里。有一次，他上课发呆，突然间耳边炸裂般巨响。老师用教鞭狠抽他的课桌，致使他一整周都耳鸣。另一个恐惧的来源，是看到一个同学被老师拎着耳朵全身离地，同学的耳朵后来变成了黑紫色。"真的是非常吓人，因为永远不知道明天会发生什么。"

他依然在编写游戏。小学六年级，他得了四川省中小学计算机大赛的一等奖。但那并不被当作衡量一个人是否优秀的标准。薛来的母亲那时还在西南交大工作，本希望儿子能进入子弟中学的快班就读。1800名学生，薛来考了1300名。母亲安慰他："少上了3年课，还能比500人考得好，已经是天才了。"母亲理解，但学校不理解。快班进不去，普通班也进不去，只能进慢班。慢班里的学生打架、用游戏卡赌博。母亲没法接受把儿子送入那样的环境，才把他送到了成都国际学校。

蜀西路399号——曾经是成都国际学校的校址，薛来在那里度过了6年，也是在那里，他从一个痞气十足的顽童变成了一个彬彬有礼的阳光少年。

最初，薛来跟不上课程，因为学校全英语授课。虽然他口语不错，但打开书，单词都不认识。因为一种惯性，他依然沉迷于游戏，晚上打游戏，上课睡觉，或者索性就装病，不去上课。国际学校的学费高昂，虽然给了他助学金，但每年学费依然有几万。母亲为了给他赚学费，再次去了东欧。外公、外婆照看他，但老人都忙于打麻将，就任由他自己野着。他的成绩在班里几乎是最差的。

九年级（相当于国内初三），是薛来生命曲线上的一个拐点。他终于被老师感动了。之前几年，老师从没有呵斥过他，也没把他逃学的事情通知过他母亲，并且经常找他聊天。"都是在图书馆里，找没别人的时候，老师还会特意把门关严，讲的都是他自己年轻时的经历，从没摆出给我建议的架势，也没有指责过我。"聊得多了，就有了润物细无声的意思。

一次神学课彻底触发了薛来。那时，成都国际学校基督教氛围浓厚。每周有一天，老师会给学生讲述《圣经》故事。"不是沉重、枯燥的宗教说教，更像是一种道德的培养"，其实是讲"一个人到底应该怎么去生活"。有一次，老师说，"要给学生展示什么叫'谦逊'"。然后倒了热水，蹲下来一个一个地给学生洗脚。这个举动，给薛来带来了巨大的震撼。"感觉非常、非常别扭，但又觉得，心里有一扇门被打开了。"

之后，薛来变得相当勤奋。"如果再继续以前的生活，会很不好意思，因为老师和同学都一直那么爱你。"他的性格、气质也慢慢地发生了改变。以前，薛来虽然看似乐观、外向，但无形中总裹着一层壳。薛来的父亲自闭、酗酒，后来父母离异、母亲出国，都对他产生了影响。为了避免伤害，他与人接触，总会自然地平添防范。那次之后，"那层壳慢慢地消失了，整个人像是完全重新装修过"。

"阳光、全面、口才出众"，这是很多老师对他的印象。国际学校的魏老师还记得，有一天，她在准备写一个关于国际学校的演讲稿。她碰到薛来，让他想个"金句"放在讲稿里。薛来只想了几秒，然后说："CDIS is a father to me, but not alcoholic."

（国际学校对我来说，就是一个父亲，一个不酗酒的父亲。）

制作出比 iPad 更早的平板电脑

2009年的一天，那时薛来上九年级。在学校的食堂，他堵住了比他高一届的林晨阳和李贤基。那是他们第一次正式交谈。当时，他们根本不会想到，几年之后，他们会一起开一家公司。薛来跟他们讲述了自己的计划——他要做一台多点触控屏幕的电脑。那时，乔布斯虽然透露苹果正在研发iPad，但产品没有上市。大部分人连多点触控这个概念都没听过。两个人立刻就被他的计划吸引了。

薛来是前一年受了刺激，才决定做这个项目的。2008年，学校奖给科技比赛的获胜者一台iPod。当时，iPod刚上市没多久，是全校男生梦寐以求的"女朋友"。之前，薛来完全没拿比赛当回事儿，也糊弄了一个项目——弄了盆小花，每天浇点柠檬水，看几天可以把它浇死。薛来从小喜欢酷炫的科技产品，看着拿奖的同学每天在他面前炫耀，他就下定决心："2009年一定要赢，赢个iPod回来。"

有一天，薛来在电视上看到微软的CEO史蒂夫·鲍尔讲正在研发平板电脑Surface，"有桌面那么大，价格昂贵。我就想做一个"。但一个人有点困难，需要找两个聪明人一起。林晨阳、李贤基是全校成绩最好、最聪明的两个人，就被薛来盯上了。

成都国际学校不大，一共就只有100个学生，不是同届，但互相之间也都有耳闻。薛来虽然成绩不好，但林晨阳和李贤基都知道他是个计算机高手，非常聪明。

薛来在学校的名声是通过几件事情积累起来的。他黑进过学校存成绩的数据库，把每个人的成绩都看了，但没做任何改动，老师也就装作不知道。他破解了学校电脑的管理密码。英特尔公司送了学校一批新电脑，但设置了密码，不能打游戏，不能看视频。薛来做了个光盘，发给同学。这个光盘插入电脑，可以直接跳过输入密码的界面。在历史课上，老师让学生制作第二次世界大战时期德军和苏军大炮的模型，别人交上去的是纸质模型，薛来交了一个三维程序软件，打开就是门三维大炮，移动鼠标可以看每个角度，老师自然惊喜。学校门口有个投影仪，老师把这个软件放在那儿，展示了一周。

一般的技术狂都言语干瘪，表达有障碍。薛来刚好相反，巧舌如簧，语言能力超过他的电脑技术。他在学校演讲，不做预先准备，依然妙语如珠，极富煽动力。他在游说李贤基和林晨阳时，也充分发挥了这种能力。他激情洋溢、野心勃勃，甚至提前画好了一张图纸，反复强调，"既然Surface都做出来了，就证明是有可能的"。林晨阳和李贤基就被薛来"忽悠"了，答应加入。

对于三个十四五岁的男孩，这个项目很困难。薛来会编写

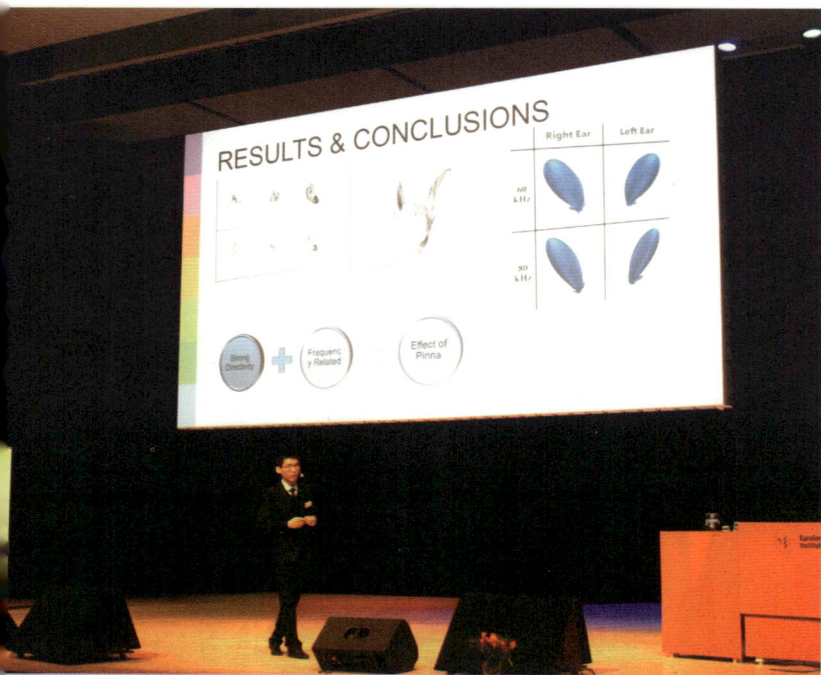

受邀与瑞典学生分享研究经历

—— 郝若尘 ——

指。通过软件设计，摄像头也可以识别放大、缩小、旋转等基础的动作。有了iPad，这些都很好理解，但当时，这还很新鲜。

那一年，薛来过得很"痛苦"。痛苦主要是心理原因，对未知有种莫名的恐惧和焦虑。"根本不知道能不能完成，整年都在掉头发、长痘痘。"他焊二极管时，还把手烫伤，至今手上还留有疤痕，但最后还是做出来了。他们秘密研发的那个装置，最终用了两块液晶屏，上下各有一块。下面的那个屏幕当键盘，可以打字。需要用鼠标的时候，按一下，键盘和上面电脑的界面就互换了，可以在下面做触摸操作。不用键盘的时候，屏幕上就显示天气、日程。薛来又开发了一个基于Linux的一个操作系统。"只要装上个漂亮的壳，立刻可以拿出去卖。"

他们不光在学校赢了，还去美国参加了Intel ISEF，拿到了团体项目的一等奖。颁奖的那天，母亲叶蓉还在欧洲。她在网络上看直播，图像模糊。当她看到一个男孩穿着黑西装，但脚踩白球鞋，狂奔上台时，她哭了。她知道，那一定是薛来。

三个男孩带着大奖——3000美元奖金回到成都，"走在路上都觉得自己发着光"。汶川地震，他们把钱都捐了。母亲送了薛来一个礼物，一台iPhone，那足以让他欣喜若狂。作为班上第一个有iPhone的人，他一直把它擦得锃亮，放在一个荷包里。到现在，薛来还保存着这份礼物。

痴迷于"改变未来"

薛来、林晨阳和李贤基对3D体感产生兴趣，也是在那次Intel ISEF。

当时，电影《钢铁侠》刚好在美国上映，三个男孩一起去看电影，"钢铁侠用的三维投影太炫了！"

薛来后来仔细研究过三维投影仪，认为当时是不可能实现的。没多久，他找到了另外一个方向，他想做一副眼镜。"外型有点像谷歌眼镜，但更笨重些"，眼镜里加了传感器和陀螺仪加速器。"戴上这副眼镜，能让电脑里的三维物体置于空间之中，用触控笔，还能移动它。"那个项目又做了一年，"感觉像是坐过山车，很刺激，也很好玩"。

跟前一年比，他变得自信多了。"大体会遇到什么困难，心里都有数，不像前一次那么焦虑。"第一次成功之后，他明白——没有问题是不可能解决的，只要你想要做，都可以做成；人真正失败，是说放弃的那一刻，没放弃前，无论表面上失败多少次，都

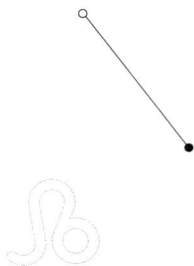

> 第一次成功之后，他明白——没有问题是不可能解决的，只要你想要做，都可以做成；人真正失败，是说放弃的那一刻，没放弃前，无论表面上失败多少次，都是成功的。

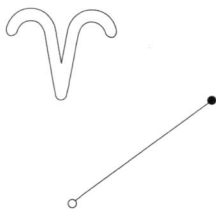

是成功的。

这一年，他的目标也发生了变化。他第一次去参加比赛，带着孩子的天真，就想赢一台iPod。之后，他却严肃起来，有了一种改变未来的崇高使命感。那也是Intel ISEF带给他们的，"像是被洗过脑"。

那一周给他们的震撼太大了。你可以想象一下，世界上几千个聪明的小脑袋挤到了一个房间里，会发生什么。他们都意识到，自己并没有想象的那么聪明，都被其他人的存在吓到了。但也都大开眼界，受到了互相的鼓舞。"在那个聚会里，没有香烟、啤酒和大麻，但是每个人都玩得很high。"那么多自己想都没想过的古怪、神奇的项目，已经被同龄人做出来了。各种想法在那里快速发酵，又彼此冲撞，就像是一个"野心加速器"。薛来他们离开美国时，"改变未来"这样的词汇，不再是空洞的口号，而变成了一种真实的动力。

"我们对科技未来的远景，特别是人机交互类的东西充满好奇。当时，感觉自己已经成为

我们对科技未来的远景，特别是人机交互类的东西充满好奇。当时，感觉自己已经成为一个伟大运动的一部分，是实现科技未来的一分子。

一个伟大运动的一部分，是实现科技未来的一分子。""那一整年，三个人就像打了鸡血一样。三个人长期待在图书馆，不洗澡，有一个沙发都让我们睡臭了。"

一年后，他们再度参加Intel ISEF，拿到了计算机科学类的二等奖。随后，林晨阳和李贤基毕业。薛来独自一个人做了第三个项目。他又做了一副眼镜，"之前需要借助一只触控笔。这次可以直接用人的手，实现最自然的人机交互"。因此，薛来拿到了2011年Intel ISEF计算机科学的学科最佳和欧盟奖。

在他的获奖感言里，特意感谢了他的科学老师格伦（Glen Walenda），为他提供了实验室。薛来获奖，格伦非常高兴。但是他说自己并没能帮助他。"薛来晚上继续留在实验室里。因为他总是在麦当劳里带一份汉堡、鸡翅，贿赂学校保安，和我并没有关系。"

薛来找到自己的兴趣及激情所在。格伦很开心，在他眼中，"薛来一直是一个天赋与其他人完全不一样的孩子，虽然成绩普通，但他

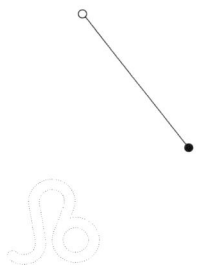

薛来一直是一个天赋与其他人完全不一样的孩子，虽然成绩普通，但他在语言方面的天分、他的创造力，在学校的评价体系内无法展现，而Intel ISEF给了他一个平台。

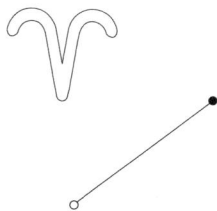

在语言方面的天分、他的创造力，在学校的评价体系内无法展现，而Intel ISEF给了他一个平台"。

网络时代的学习力，让人跳跃成长

在三年之内，薛来从一个淘气男孩变成一个连续拿下三届Intel ISEF大奖的天才。表面上看，这完全是他们的个人"天赋"使然。三个项目，格伦都没给他们任何指导。

历年Intel ISEF，美国出现了大量像薛来一样的少年，他们的项目表面上跟学校的科学老师毫无关系。但实际上，又有很大关系——这些老师培养了他们科学的思维方式和研究方法。

在中国，北京、上海、成都等大城市都有国际学校，采用的都是美国式教育。这些学校的教育理念、课程设置、教学方法和中国的中学教育完全不同。美国用了60年的努力，才完成了教育模式的转变，得以培养出大量原创能力极强的天才。

1915年至1950年期间，美国的科学教育和中国目前的教育并没有区别，目标有两个——让学生理解基本法则和基本原理，通过实验室的实验来检验一些事实。但在1950年之后，美国中学的科技教育经历了数轮改革，和中国有了天壤之别。

1957年10月，苏联第一颗人造地球卫星成功上天，轰动了美国，强烈的危机感弥漫着整个美国。随后，美国开始第一轮教育改革——课程改革。这次改革的课程设置和内容都发生了变化，开始注重在课程中反映科学知识的新发展、体现科学的内在逻辑，同时要求课程编辑必须遵循学科的知识结构，强调对知识的探究。美国为这场改革，总共投入了15亿美元的经费。

现在美国中学和国际学校的AP（Advanced Placement）课程，就是从那时开始逐步设立的。所谓AP课程，实际就是大学先修课程，比如微积分、统计学、物理学等。从中学就设置这些课程，其核心理念在于"公民在教育上应该享有平等的权利，天才儿童也应该享有与之相适应的特殊教育"。这些课程的出现，给了聪明的年轻人机会，让他们在中学不至于年华虚度。

不过，那轮改革最初的结果出人意料，美国中学生的学业成绩出现下滑。直到现在，美国大学入学SAT（Scholastic Assessment Test）成绩也呈现逐年下滑的趋势。但是，考试成绩并不能衡量一切。这种方式激发的人的创造力，几年之后，才开始显现。1960—1975年间，美国以生物学为代表的科学教育进入黄金时期。那场变革，不仅造就了科技教育，也为美国科技的发展奠定了良好的基础，支撑了之后几十年的高速发展。

20世纪80年代中期，日本、欧洲经济的快速发展让美国人意识到，当时的教育体系不能适应科技革命和社会经济发展的需要，因为一个国家的发展不仅要拥有一批高水平的科学家，还要拥有大量具有高科学文化水平、高科学素养的人。另一轮教育改革随之而来，提出的口号是：每个孩子都是科学家。

在那轮改革中，科学教育发生了一个转向——从以老师为中心，转向了以学生为中心。改革非常强调学生主动学习和动手实践能力。学生要提出问题，设计方案，获取证据，对自然现象做出解释，并使用多种不同方式对所获结论进行检验，把自己的看法与别人分享。这种方式的核心在于——传递科学精神和科学工作的思路和方法。

香港宋庆龄研究院院长姜冬梅，也是Intel ISEF的评委。她在10年前，曾经为中国编写过自然科学的教材，为此，她翻阅过美国中学的科学教材。"在课堂教学中，他们把科学研究的6个步骤明确地传授给学生。在中国的学生，多数都没有经过这种训练。不要说中学生，甚至很多研究生、博士生，也并没有完成这种训练。"

薛来的老师格伦，年轻时在美国加州读完大学，他对物理学的理论部分很感兴趣，但并不喜欢做试验。在他读书时，对科学研究的6个步骤也并不清楚。后来，成了中学老师之后，他参加了英特尔的教师培训，才对这种方法有了明确的认识，又在课堂上传授给了自己的学生们。

从1998年开始，英特尔开始了一个未来教育计划，其中最重要的一个部分就是培训大量中学教师。该计划已经对70个国家的1000多万名教师进行过培训，格伦只是其中之一。在教育改革中，除了政策、课程设置，最为重要的一条，就是教师的技能。

虽然从表面上看，格伦或者美国的一些教师，并没有在具体项目上给予学生指导，但是，他们却传递了科学的思维方法和研究方法。这种作用是无形的，影响也是巨大的。

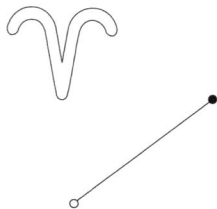

英特尔公司前董事会主席克瑞格·贝瑞特曾经说过："计算机并不是什么神奇的魔法，而教师才是真正的魔术师。"如此大规模的教师培训，最后惠及数以亿计的学生。

在最近20年的科技高速发展中，IT领域的成就最为世界瞩目。天才辈出，很多人甚至大学学业没能完成，就已经展现出惊人的创造力。表面上，个人"天赋"起到了极大的作用，但之前数十年的中学教育改革，功不可没。

没有人会想到，几十年前的美国教育改革，会惠及远在中国成都的薛来。成都国际学校也开设了很多AP课程。"那是一种启蒙式的教育，学生很早就接触很多学科、各种概念。讲得都不太深，如果发现对什么感兴趣，可以去图书馆自学。"

薛来在中学的后三年，选学了大量的AP课程。宏观经济学、微观经济学、统计学、心理学等课程，他都在中学学过了，虽然都浅尝辄止，看似不够深入、系统，但通过这种途径，他迅速地拓展了知识面。

在很多人眼中，AP课程是为申请美国大学增色的砝码，也是积累大学学分的手段。很多学生为了保证GPA领先，选学AP课程会非常慎重。但薛来却近乎疯狂地选课，曾经一学期就选了5门。全校只有他一个人这么冒险。"每门课程都很有趣，如果放弃，相当可惜。"

薛来在做多点触摸屏时，曾经遇到一个很大的麻烦。手指停留在屏幕上，因为手指是动的，屏幕上的数据会上下起伏波动。"看到满屏的坐标，到处乱跳，心里就一阵阵发慌。"他花了很久，才知道，有一种卡尔曼滤波可以把信号的杂音给滤掉。

那是一种启蒙式的教育，学生很早就接触很多学科、各种概念。讲得都不太深，如果发现对什么有兴趣，可以去图书馆自学。

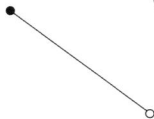

这些天才，在解决问题时，也表现出了与众不同之处。他们非常灵活，从不墨守成规，习惯自己设计方法，而不是跟着教科书亦步亦趋。

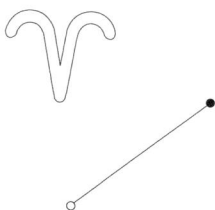

第二年，他上统计学课时，老师就讲到了卡尔曼滤波，还提到了它在电信、无线电上的广泛应用。这让他意识到一个问题——很多知识就是一个工具。在用这个工具时，得先知道这个"知识工具"存在。这成为他后来大量选课的原因。

在学习过程中，薛来从不会刻意记忆、背诵。但他练就了一种技能——一旦他需要，能快速地学习任何知识。"有针对性地学习，而不是系统地每个方面都学。这其实是一个技能。从做第一个项目时，我就开始积攒这个技能。"

这种能力，因为谷歌的出现，又被进一步放大了。"远古时期，人都要打猎，猎人如何追踪猎物是最重要的一项技能。现代社会，人在谷歌上检索信息，在众多信息中追踪到自己需要的那些。谷歌用得好的人，在远古时期一定会是个部族首领。我想，我应该是某个猎人部落的酋长。"薛来说。

最近10年，Intel ISEF上出现大量十四五岁的少年，他们做出让科学家们都感到震惊的研究。谷歌的出现，极大地简化了知识获取的途径。对于一个聪明的孩子，学校课程的宽泛和谷歌强大的追踪能力，是最高效的结合。一旦对某个问题产生兴趣，就可以跳跃式前进。

这些天才，在解决问题时，也表现出了与众不同之处。他们非常灵活、从不墨守成规，习惯自己设计方法，而不是跟着教科书亦步亦趋。

执着比天赋更重要

美国国家天才研究中心主任、教育心理学家任汝理（J. S. Renzulli）在研究了大量天才案例之后，提出过一个关于天才的理论。他认为，决定这些人成功的因素并不是"天赋"，而是三个综合因素：高于平均的能力、创造力和对任务的执着。

"对任务的执着"很多时候被人忽略了。这种执着，既包含着极度的勤奋，也包含着无所畏惧前行的信心。他们长时间面对的并不是成功的喜悦，而是连续不断的挫折。

2011年的夏天，薛来拿到了大奖，高中毕了业。在空闲的时间里，他去做志愿者，给那些即将参加Intel ISEF的选手分享经验。他的善意带来了另外一个机会。他碰到了英特尔的首席工程师黄波。黄波，人称"波哥"，童心未泯，对科技教育也不遗余力，几乎每个周末都会去中学指导学生的科技项目。薛来跟他很谈得来，

"很多人工作就是为了赚钱，波哥不一样，总是富有激情"。薛来问黄波，可不可以去他那里实习。英特尔虽然每年都会接受实习生，但大多是硕士生和本科生。因为薛来获得了三届Intel ISEF的奖项，黄波就帮他申请，去英特尔实习了一年。

那一年，薛来遇到了巨大的挑战。其实，他没有系统地学过计算机。他之前做的，仅仅局限在计算机视觉领域，编程用的就是C#。在英特尔实习时，他在软件部门工作，要用软件的方式优化系统，这他完全没有接触过。

黄波最初并没有想到薛来将要面临的困难。"英特尔的实习生都是要具体地处理一个问题，不会只是打杂，我们会从项目组里剥离一个比较细的项目，让他们独立做。但一般都会有一个工程师跟他们一起来研究这些问题，任何时候有疑问，可以找这个资深的工程师交流。"

在英特尔，团队中的每个人都像一个齿轮，一个齿轮卡住，整个项目就会停滞。每个人都会被分派任务。每周都会有时间节点，每周都有任务要交。总是害怕拖团队的后腿，薛来承受着很大的压力。当时，工作中要用的程序语言——Python、Php和Ruby，薛来从来都没有接触过。也没有时间让他先把这些语言都学会了，然后再交差。他只能边自学，边工作。他能在短时间内迅速学习的能力，又一次帮助了他。"好几次觉得到了精神和肉体的极限了，越到后来越不容易，但真没有什么做不到的，只要想做就可以。"

黄波最初对薛来的印象是"挺乖的",知道他自学能力挺强。以前去他们那里实习的多数是硕士生,基础好的,上手就很快。

薛来去了一段时间,适应得也挺好。有次闲聊,黄波偶然问薛来:"你每天睡几个小时?"薛来说:"两三个小时吧,最多三四个小时。"黄波听了就蒙掉了,他一直觉得,薛来精力很旺盛,完全看不出来疲倦。"他有点韩国明星的样子。一出现,人事部的女孩子就会说,你看,那个小正太又来了。"

薛来眼睛不大,但很亮,头发总是修整得干净、利落。他经常穿着T恤、牛仔裤、运动鞋,总是面带笑容,显得很轻松。周围的人很难觉察出,他每天都处在极限边缘。"非常累,但确实过得挺开心,因为每天都在学新东西。"在英特尔,有一点让薛来特别喜欢。英特尔几乎每天都有内部讲座。美国、以色列团队到中国访问,会分享一些项目上的进展。英特尔亚太研发和英特尔中国大概有2000多个工程师,也会有不定期的讲座。这些讲座要在网上注册抢座位。"每到周一,我就会把能注册的全部注册上,有很多'大牛'。有讲技术的、讲科技的未来远景的。还有一些英特尔外面的人接触不到的知识,比如,芯片的生产过程。这些东西真的是在英特尔内部才能学到。"

这时,薛来又回到了高中最后一段的那种状态里,边做项目,边疯狂地选课。他把听这些讲座当作迅速拓展知识面的机会。而且，薛来把这种兴奋、高效，又濒临极限的生活常态化了。到了后来，好像日子不这么过，就不过瘾。

"10年之后，有些人是不记得10年之前的某一天做了哪些事情的。如果记不住，这段时间就是失去了。很多人活到80岁，他能记住的只有20年，这是很可惜的。所以，我有一个目标——要不停地创造新的体验、新的记忆，我真的希望，把我活的每一分、每一秒都记住。"

名校还是创业？没有错误的选择

在很多人眼中，薛来聪明、勤奋、痴迷于一切新科技，注定会成为一个技术天才。但他的梦想要比这大得多。他一直希望自己可以成为百科全书式的人物，即"文艺复兴人"，可以横跨哲学、心理学、语言学、音乐……各个领域，不仅仅是一个极客。

高中时，他并不只待在实验室，更不是一个书呆子。他很喜欢唱歌，是合唱团的主

10年之后，有些人是不记得10年之前的某一天做了哪些事情的。如果记不住，这段时间就是失去了。很多人活到80岁，他能记住的只有20年，这是很可惜的。所以，我有一个目标——要不停地创造新的体验、新的记忆，我真的希望，把我活的每一分、每一秒都记住。

唱，"我不知道为什么会有人觉得男生唱歌就比较娘，但我就是喜欢，才不管别人怎么说"。

参与Intel ISEF的同时，他还参加了一个比赛——模拟联合国。这个比赛也是每年一次，中国的国际学校，还有韩国、日本的一些学校都会派学生参加。每个代表会提交议题，跟现实世界中一样，有的议题争议很大。薛来第一年代表新西兰，提了两个议题：核不扩散和建立一支基金处理化学武器。这两个议题，最后都通过了。

"即使在做Intel ISEF项目最忙的时候，没空准备议题，我也还是会在网上浏览国际新闻。"第二年，薛来代表英国参与议题投票。那一场的辩题是：是否允许穆斯林妇女在公众场合穿全包裹式的宗教服装。薛来持的观点是：不允许。"那种服饰，给人感觉不友好，里面还可以藏炸弹。"但其他人，想当然地认为，欧洲的传统是民主、尊重人权，应该允许自由穿着。薛来的观点成为少数。比赛结束后，不到一年，同样的议题在现实生活中出现了。薛来的观点成了主流。2011年，法国出台了禁令，禁止穆斯林妇女在公众场合穿全包裹长袍。"我更了解欧洲人真实的想法，国家利益是第一位的。"

薛来也很喜欢和林晨阳一起讨论哲学与宗教问题，经常会争论"自由意志到底存不存在""我们看到的世界到底是真实的，还是虚拟的""终极真相是什么"这样的话题。这种习惯，一直保留至今。

在薛来众多的兴趣中，他最热爱的是语言学，其次是心理学。他只把计算机当成工具。他敬佩的人是乔姆斯基，其既是语言学家，也是心理学家。薛来对很多交叉学科都感兴趣。语言学和计算机也有一个交叉领域，即计算机语言学，他也觉得很有意思。薛来现在还保持着一个习惯，每天浏览美国心理学会（APA）的Facebook主页，上面会有各种新鲜的信息。"如果有空，就会不停地去点那些链接。"

薛来赢了Intel ISEF，赢了模拟联合国。他托福考了117分，是当年中国大陆的最高分，并且获得凤凰卫视主办的"影响世界华人盛典"颁发的奖项，和他一起得奖的人，还有钱学森、高昆。他像是突然出现的耀眼的明星。但出人意料的是，他并没能进入国外的名校读书。

他迥异常人的天赋，并没有获得大学的格外青睐。"大部分人都是可以被成绩衡量的。但有少数人是异类，比如我。"薛来同时做了太多的事情，他的GPA普通，SAT也只考了2180分，并不高。美国宾夕法尼亚大学录取了他，一年学费、生活费要五六万美元。对于一个家境普通的人来说，这是相当大的一笔数字。

母亲叶蓉已经存够了薛来大学的学费。她第一次从欧洲回来，就用讲课赚来的钱在成都投资买了个公寓，几年内升值了几倍。薛来一直都很佩服母亲："她这些年，总是处于某种逆境，贫困、生病、离婚……没有困难能打倒她。"叶蓉后来在上海的一所大学教书，"一直租房，没有钱买房"。薛来不忍心看母亲继续奔波、辛苦。

他面临一个选择，花尽母亲半生积蓄读大学，还是自己创业。最终，他选择了后一条路。

2014年5月，薛来和林晨阳在旧金山见了罗技的人。他展示了自己的产品，回答了他们的各种提问，然后对方就再没联系过他们。"他们就想看我们的产品会不会威胁到他们，并没有想合作。"不过，那次美国之行，薛来并不是空手而回，Ohad又联系上了谷歌。谷歌打算和他们合作，并购买他们的技术。

之后，薛来一直在不断地改进算法。因此，Touch＋迟迟未能上市。

做3D传感器，最难的是要找到一种方法，把前景和背景分离开，让普通摄像头识别人的手势。"还必须要考虑光线的因素。"薛来后来把手部识别的引擎做成了一个很大的算法集合。"有一些是已有算法，更多的是根据不同的光照情况，重写出来的。"

2014年10月，Kickstarter上订的2000多台货，已经发出。Touch＋在官网上也开放预订，3天就卖掉了5000多台。但3天后，薛来就把预订关闭了。"我们把预订款退回。软件还没有准备好，我们抽取了200个用户测试，根据他们的反馈，还在继续完善。"

薛来采用的策略是，不仅要完成手势识别，还要设计好各种软件的应用插件。

针对Windows，他做了功能延伸，设计了"鸡翅模式"——在电脑前，动动手指，网页就可以滚动，就算在啃鸡翅，也不至于弄脏键盘和鼠标。"这是200个测试人员中的一个人提出的要求。他们是随机选出的，做什么职业的都有，根据他们的要求，我们做了很多改进。"

薛来曾经针对大量使用Excel的人做了一个插件。敲打键盘做数据录入，想切换栏目，抬一根手指，做"1"的姿势，光标就出现，移动手指，就可以选栏，继续敲打键盘，又能录入。这本来会大大加快操作速度。但使用时，用户抱怨，选栏目困难。"我们做了改进，让光标总待在格子中央，问题就解决了。"

根据这种类似无数个细小的但影响用户体验的细节，他们逐一做了改进。现在很多科技产品，"技术很先进，但很多人买回来并不知道到底能用这些技术做什么"。要想让产品真的实用，薛来并不打算等第三方去开发应用插件，"自己开发，再不断改进、升级，才能控制用户体验"。目前他们针对Windows、Photoshop、Excel、Zbrush……都做了插件，而且经过这轮测试，薛来用4个月又完善了很多功能。

"2015年3月，Touch＋正式上市。"这一次，他们终于准备好了。

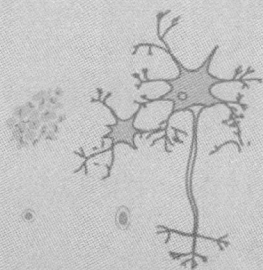

万若萌　呆萌的"质子"

"像质子一样思考，永远充满正能量。"她说自己脑子慢，不聪明。那她的成绩，如同大多数家长理解的那样，只是下了笨功夫的结果吗？

Part 4

未来，自己决定

万若萌把加州理工大学的申请信发送出去的时候，长出了一口气。那算是离她的科学梦想更近了一步。

每年申请大学，都会有大批的年轻人头疼。绝大多数人对于自己的未来很茫然，有的人听从父母的，有的人随便选个听起来将来赚钱比较多的专业，坚定地知道自己未来想学什么的人，实在太少。万若萌和她同桌就是极少数人之一，但她们的麻烦也在于此。

万若萌开始申请大学时，还是高二。她早早地就决定了要出国，一进北师大附中高中部，就进入了国际班。他们一个班的同学都是下定决心出国读书的。他们所学的侧重点，复习、准备考试，申请大学的时间也都和普通班的不一样。

万若萌和同桌关系一向要好，两个人从初中开始就是好朋友，一起翻墙跑到小花园里玩，有时候谈点正经的，多数时候都在遐想。同桌特别爱画画，各种古装人物或者漫画都画得出色。她申请大学，想读艺术系，但家里人反对。万若萌虽然是女孩，但一直对物理和生物感兴趣，想出去读物理专业，家里人也反对。"对于我们偏执的爱好，父母开始都是无法理解的"，于是，两个人经常一起疏解苦闷。

从初中开始，万若萌就对植物产生了兴趣。藻类、红树林、光合作用、仿生学、能量转换……这样的词汇对很多人来说是非常沉闷的，但万若萌最大的乐趣之一，就是用谷歌检索这些词，然后逐条地看。她有一个笔记本，那是一本"未来笔记"。

她在初中的时候，爱上了BBC的一部纪录片——《植物的私生活》。她查着字典把它看完了，而且详细地记了笔记。那并不是课堂笔记，更像是个"奇思妙想"集，她把那些吸引她，但又无法回答的问题，都记下来了。"我想上大学，或者之后再去解决它。"

最初，万若萌的父母对于女儿的奇特爱好听之任之。万若萌的父亲是学金融的，母亲是学英语的。他们也觉得科学研究特别重要，"但是，他们觉得我智商完全不够用，也不认为我能成为一个科学家"。

万若萌一般不太敢把自己的苦闷告诉同学。如果她说其实自己脑子很慢，会被大家嘲笑的。在北师大附中，万若萌是有名的学霸，考试永远前三名。别人考托福，要考几次，分数才能勉强过百，她考一次就考了114分（满分120分）。但即便成绩突出，父母还是觉得那是用功得来的。当科学家，光用功是没用的。

万若萌从小脑子就很慢。小时候的事情，记忆都是片段，脑子完全记不住。她说话也晚，母亲都愁死了，跟她同年龄的小孩已经开始背唐诗了，她才刚能说出个完整句子。别人开始学英语，她还在爬树、野跑、看动画片。虽然她小学时别的成绩还行，但奥数成绩却不怎么样，这也是被看成智商不高的标志。初中，当她迷上科学的时候，父母都没拿那当真。"他们以为我就是一时兴起，以后就会变的。"

但到了高二暑假，大学申请在即，万若萌不但决定学理科，忽然又开始了一个看起来完全不可能的试验。她母亲才知道，一切已经无法改变了。

一切都来自奇思妙想

万若萌那一年17岁，皮肤白皙，容貌清丽，个性乖巧，说话总是慢声细语，像从日本动漫里走出来的美少女。她从小就是漫画迷，最喜欢宫崎骏，一部《风之谷》每年都要拿出来重新看，其中美少女娜乌茜卡立志改变人与自然的关系，对她产生了很大的影响，或者说，她就是一个现实版娜乌茜卡。

2013年的夏天，万若萌也像娜乌茜卡一样，开始了一个浪漫的试验。有几个月，她每天都花几个小时，在毒日头下摆弄棱镜、透镜。

在万若萌的"奇思妙想"集里，有过这样一个问题，为什么绝大多数陆生植物进化成了绿色，而不是黑色？初中生物书上一幅图很吸引她——绿色植物的吸光光谱，植物吸收红光和蓝光，有一个像骆驼峰一样鼓起，但绿光明显地瘪了下去。万若萌很诧异：为什么绿色植物会反射绿光，而不是吸收它？她问生物老师，老师也不知道为什么。

万若萌一直对仿生学很感兴趣。仿生学核心观念之一——植物通过自然选择，对能量的利用是非常棒的，所以人们要向植物学习。陆生植物进化成绿色，它们反射绿光，不利用这部分能量，表面上好像违背了仿生学基本概念。要知道，绿光的能量在太阳光中占了最大的一部分，为什么植物会选择浪费这么多能量？

万若萌查阅了一些资料，这个问题在科学界并没有答案，这更让她好奇。最初，她认为自己知识积累不够，也不知道自己能做些什么，并没有着手研究。过了一段时间，她自学了美国的AP课程，了解了很多关于生物、物理方面的知识。有一天，她听说一个美国男孩高中就开始研究核物理，就觉得自己也不能再拖延了。

万若萌在网上检索谷歌学术搜索上的文章，有些免费，更多的要付费，很贵。她特别想读的，就租着看。她又找了在清华大学读书的师兄帮忙，拜托他从清华大学的资料库下载论文。读那些论文，给了她很多灵感。

她看了一篇文章，谈到过强能量对于光合作用影响的时候，讲到了一个叫作光抑制的现象——当光能超过光合系统所能利用的数量时，光合功能反而会下降。又有一篇文章讲到，在植物的进化过程中，曾经有植物能够高效吸收绿光的色素的，但是一些植物在进化的过程中，这种色素消失了。不过在一些古老的植物，比如，像红藻和蓝藻一样的藻类，这种色素依然存在。这给了万若萌一个独特的方向。

万若萌想研究红藻。红藻能够高效地吸收绿光。万若萌想通过实验来证明一个假设——红藻对于绿光吸收增高，它的光合作用的功能速率就会降低。如果这个假说成立，就可以解释绿藻，以及陆生的绿色植物放弃大量吸收绿光的原因。

红藻的来源成了问题，好在她认识了林忠平老师。万若萌报名加入了北京青少年科技俱乐部，她表达了自己对植物学和物理学的兴趣，被介绍到北京大学生命科学院林忠平老师的实验室学习。林忠平老师的研究方向是植物基因，虽然他们的实验也做过藻类研究，但和万若萌的研究并不一致。万若萌在实验室依然很开心，在那儿，她学会了藻类DNA的鉴定。这虽然听起来有点难，但因为她之前自学过美国生物AP课程，在美国的教材上，介绍过相关的内容，所以学起来并不吃力。

万若萌跟林忠平聊天，讲起自己对红藻的兴趣。一般高中生进大学实验室学习，就是跟着实验室的研究项目走。林忠平觉得万若萌想法独特，又花了那么多精力，就鼓励她继续下去。

林忠平已经70多岁了，为人和蔼，对培养后辈也不遗余力。那年初夏，林忠平还特意带着万若萌去了趟北京海洋馆。海洋馆里养了很多鱼，为了装饰，也养着很多藻类。林老师跟海洋馆的人介绍了万若萌，海洋馆的人非常慷慨，要送一大罐红藻给她做研究，但万若萌拒绝了。"当时，实验还没设计好，我害怕先把红藻带回家，会死掉。"

设计实验，耗费了她很多精力。她想知道如果红藻吸收更多的绿光，它的光合是不是反而受到抑制。为了不伤害植物，她只能考虑改变光的强度，先把太阳光减少到一定的百分比，再照射植物，最后分析植物光合作用的速率。

万若萌最初想自己搭出来一个装置，控制太阳光的强度。她画了草图，跑到光学器材厂买了很多棱镜、透镜。有段时间，她到处找便宜的透镜，一般透镜都很昂贵，磨得好的都上百块钱。买那些光学器材就花了她几千块钱。

七八月份，她总是在太阳最毒的几个小时，跑到家的楼下，摆弄棱镜、透镜，试着搭建一个实验装置。"不是每天太阳的光都够强，只有光最强的几个小时才成。"这样过了3个月，劳而无功，她还是没办法精确地控制光的强度，"真是感觉糟透了，那段时间特别着急，感觉努力全白费了"。

那段时间，除了忙于申请大学，她还要参加一些英语测试。那3个月过得很煎熬，完全不知道所做的会不会引她到正确的方向，但还得坚持，"那完全就是一场冒险，不知道会走到哪儿，但只有走下去，才知道到底是对，还是错"。

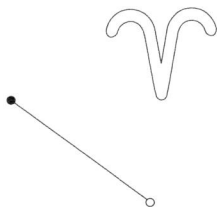

如果不是一通偶然的电话，万若萌可能还会在错误的方向上停留很久。但有时候，成功就是长久努力以后的一次偶然。

为了测光的强度，她不仅要用到各种透镜，还会用到照度器——一支测量光强的仪器。万若萌的一个朋友向她推荐了一家店，卖透镜，也卖照度器。万若萌给对方打电话买器材，也顺便聊起来怎么搭配使用透镜。对方觉得这个小姑娘很奇怪，对透镜那么执着。她就讲起自己的实验。然后，神奇的一刻到来了。对方说："你为什么不用LED灯泡？"万若萌一下愣住了，这是她从来没想过的。

太阳光那么的强烈，LED那么小小的灯泡，怎么能提供相似的强度？万若萌一直以

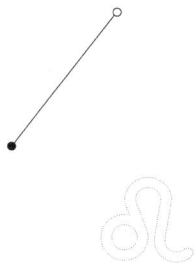

那完全就是一场冒险，不知道会走到哪儿，但只有走下去，才知道到底是对，还是错。

为完全不可能，所以就没往那儿想。这家公司卖器材，刚好也做一些植物研究。他们就是用LED光来模拟太阳光的，电话那头的人还说："LED光的波长完全可以满足你实验的要求。"她一下豁然开朗，"能和他聊天，真是非常值得庆幸的"。

万若萌立刻放弃了透镜，开始跑各种厂家找适合波长的LED灯泡。最初，她母亲觉得，她在这个实验上浪费了太多的时间，根本不支持她。但她一副不做成誓不罢休的架势，母亲也阻止不了她。看她实在辛苦，东奔西走地找厂家，就陪着她。实体店、网店，能找的都找了，总算把各个颜色的LED灯泡凑齐了。

光源解决了，一切都开始变得顺利起来。她开始准备调光：把照度器放在红藻旁边，然后一点点调LED光的高度和角度。当照度器的数值和她计算好的数值一样时，就相当于模拟太阳光环境。她靠这种方式不断改变绿光的光强，来取得不同的实验数据。

她迅速解决了一个麻烦。她纠结过，怎么能让灯泡又稳定还能调整它的角度和高度呢。她用过橡皮泥，但不太好用。她就在屋子里转悠，看到桌子上放了一些磁力棒，忽然就有了灵感。

磁力棒其实是儿童玩具，她小时候就经常玩，一个小球、一个小棍就可以搭成船、楼、桥之类的东西。万若萌用磁力棒搭了个结构，非常稳定，还能调节高度、角度，又把灯嵌到里头，就可以用了。

测量植物光合的速率是实验的另外一个关键部分。本来是有两种方法可以用，一种是测PH值变化，一种是测气压变化。她从淘宝上买了测气压的仪器，却发现是个坏的，只好用测PH值的方法。她从北京一家试剂店里买到了碳酸氢钠，总算可以用。

实验过程都安排好了，万若萌才去海洋馆接红藻。她用一个装蜂蜜的大罐子，刷干净了把红藻装在里面。此后的一个月，每一周她都会去接一次红藻，妈妈开车陪着她。"回来一路都要开着空调，保持温度在20摄氏度左右，才能保证红藻的活性。"

万若萌把自己的卧室改造成了一个"黑暗"实验室。她把装空调的大纸箱子拆了，用硕大的纸板把窗户全部封死。卧室就像个黑暗的匣子，实验做了一个月，屋子也黑了一个月。实验需要连续做，每天6个小时。她用一台摄像机记录下PH值的变化，然后再看录像，手动把数据录入电脑。每天持续工作到晚上三四点，睡四个小时，再起来继续。她睡觉的时候，她妈妈会帮她盯一会儿器材。她在用计算机录入数据时，怕屏幕的光影响实验准确度，就用一床被子把电脑和自己盖起来。

第一周的数据出来，分析完，她开心极了。结果和她最初的预想非常接近。当她把红藻对绿光的吸收率减少到和绿藻对绿光的吸收率接近时，红藻的光合速率刚好出来最顶峰的状态。再高了，就会受到抑制，光合速率也会随之降低。虽然实验只完成一小部分，但能看出来趋势是如此，"总算是走上了一条对的路"。

之后的进展更顺利，她用了20天，继续做3组。整理数据、画图分析之类做起来也都还顺利。很快实验就完成了。万若萌之前查资料的时候，读了很多的论文，就也试着写了一篇论文。

中科协有个比赛——明天小小科学家。那个比赛已经办了十几年，往年都是5月份报名，2013年刚好推迟到9月份。那时万若萌论文刚写完，"时间很仓促，论文我自己改了几遍，老师都没来得及看，就把论文交上去了"。她很轻松就进了终评。进入终评的选手在12月份都要参加一周的科技活动。万若萌最终拿了个一等奖。

那周，她特别开心，倒不是因为得奖，而是认识了很多朋友。活动的选手来自各个省份、各个专业。平时，在学校里，很少有人喜欢做研究，更没有什么机会跟别人聊这些。突然有个机会，有共同爱好的人都凑到一起了，感觉很亲切。

但其实那周只是个开始，没多久她入选了Intel ISEF的冬令营选拔赛，又入选了Intel ISEF美国的终选赛，遇到了更多有趣的人。

能量转换是我的执念

和新朋友聊天，人家问万若萌，对什么感兴趣，她会给出一长串清单。她的爱好太多了。比如弹钢琴，她学了10年钢琴，后来又去做义工，教盲人弹钢琴。又比如击剑，就算是最忙碌的阶段，忙得每天只能睡几个小时，她一周还会用3个小时练习击剑，"因为太喜欢全身湿透的感觉了，太爽了"。她还喜欢日本漫画，甚至想创办一个漫画网站。她还爱看科幻小说，惊诧于书中的想象力。但这些爱好，很多多才多艺的女孩子都有，直到她说，"我对能量转换特别感兴趣"，听的人才会恍然，真是个女科学家呀！

"我对能量转换的关心，近乎一种执念。"即便是看关于记忆的书，她首先想到的也是大脑的能量是如何分配的。看关于龙卷风的纪录片，也在想，能不能跟龙卷风学，找到从大气中汲取能量的办法。

初中，她看纪录片《植物私生活》里讲到一种能生活在海洋边上的叫红树林的树，能很好地适应海水的环境，印象很深。它的叶子上有一种叫盐腺的东西，可以把盐粒挤出来。后来在海洋馆找红藻的时候，万若萌第一次见到了红树林，有的叶片上会有盐粒的结晶，"让人很想去舔一舔它的叶子"。

她对红树林很着迷，也是因为能量转换。她觉得以后的资源战争，会从石油战争转变为水的战争。水资源日益短缺，总有一天会爆发战争。能阻止这场战争的方法之一，就是着手研究海水的淡化。向红树林学习，"它能淡化海水，肯定背后有一个能量消耗不是很高的机理"。这个问题，也是她想以后去探究的。

2014年年初，万若萌还是觉得她的实验缺点什么。她对仿生

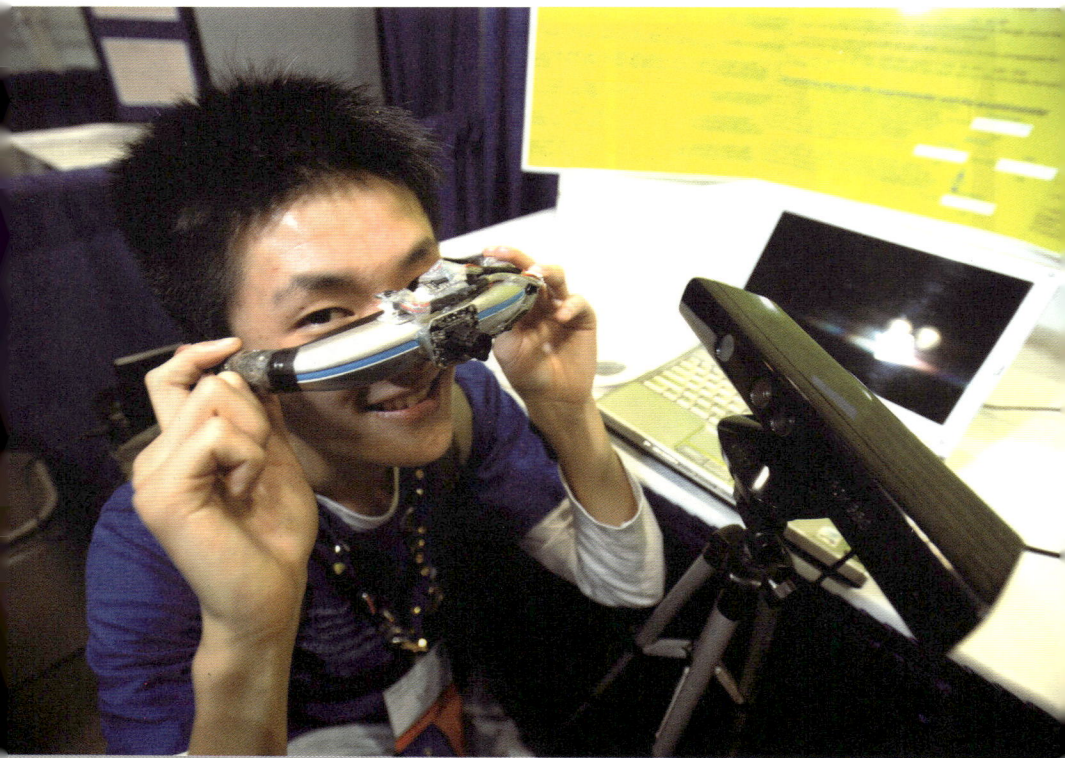

— 薛来 —

看上了她母亲的电熨斗和熨衣板，半夜，她把它们"偷"到了自己的房间。

万若萌手上有一个清单，那是从一家瑞士公司的网站上发现的。那家公司专门做染料敏化太阳能电池。他们提供了做电池的材料清单、制作步骤，还售卖一些原材料。万若萌从他们网站上订购了一些东西，材料齐全了，她就按照清单上的步骤制作电池。她试着做了几个，都不太成功。在成为制作大王之前，她先成了浪费大王和破坏大王。

染料填好之后，需要热封。热封温度要控制在400摄氏度，一直烧10分钟。她开始用酒精灯烧，但温度总是控制不好，就从淘宝上订了个电热板。

之后，又弄了个热压机，一般那玩意儿是给皮带压花纹的。它的压力太大了，一试才知道，太容易把玻璃压碎。

她后来换了电熨斗和熨衣板来做，发现电熨斗的效果是最好的。"我妈一直对这个很愤怒，几百块钱的热压机、电热板白买了，逼我把它们捐给学校。"

后来，熨衣板的命运也很悲惨，她在上面鼓捣电池，不小心把电解液滴到上面，熨衣板就毁了。

4月份，电池终于做好了，就是一个实验室用的演示品，非常非常小，真正的有效面积只有1毫米乘1毫米。经历过上次红藻实验的教训，这次万若萌在设计实验光源上有了经验。她打算用手电筒的光模拟太阳光。用照度计测试了几个手机筒的光，"把iPhone贴到染料敏电池上，刚好合适"。

测试很快就做完了。虽然红藻实验是把光能转化成化学能，染料敏化电池的实验是把光能转化成人们用的电能，但它们依然有着某种关系。它们的转化效率随着绿光强度变化，变化的函数关系是类似的，都是呈大的U形变化。

万若萌找到了改造太阳能电池的方法。测试中显示，如果电池正常吸收绿光，转化率并不是最高的点。这让她想到了红藻实验中，红藻刚好是在失去那种高效绿光色素的时候，转换效率最高。也就是说，可以尝试减少电池对绿光的吸收，同时试着调高它已经吸收那部分光的转化效率。基于这种考虑，她重新设计了染料敏化太阳能电池的结构。之前这种电池都是单层的，她把它设计成了多层，透过第一层的光，可以被下层的利用。这样，上下层都能高效转化。

一般来讲，考查转化能力，主要看电池受到单位时间、单位能量的光子照射后，它输出电的功率的情况，这由电压和电流两个部分决定。万若萌改造后的电池，电压提升了3倍，电流的改进很小，但整体功率提升了40%。"但这部分实验，其实还只是刚开始，要做的改进还很多。"

万若萌在申请大学的时候，搜索美国各个大学实验室的信息发现，加州理工有个实验室叫作模拟人工光合作用实验室，其非常大的一个研究项目，就是在研究怎么向光合作用学习，怎么利用太阳能。"看到那个实验室之后，我觉得太想去这所学校了。"如果能进入那个实验室，也意味着，她仍然可以继续现在的研究项目。当然，不会再拿电熨斗和熨衣板当实验器材了。

"中国式学霸"不再是考试机器

2014年5月，万若萌如愿拿到了加州理工大学的offer。虽然杜克、宾夕法尼亚、哥伦比亚大学等5所学校都给了她offer，她还是选择了加州理工，那是她的梦想之地。那所大学规模很小，师生只有2000人左右，是一般美国大学的1/10。但学校依然声名显赫，因为从这所学校走出了30多位诺贝尔奖得主。万若萌申请的那一年，这所学校只录取了180位学生，她是幸运者之一。

她选择加州理工，还有另外一个原因。这所学校入校第一年，可以不选择专业。她既喜欢物理，也喜欢生物，一时间难以抉择。她可以进了大学，再慢慢考虑这个问题。

万若萌拿到加州理工大学offer之后，去美国参加Intel ISEF，没有任何压力，纯粹是把项目展现给大家。"我特别想做一件事，就会尽自己最大努力去做，希望能把自己最好的一面展现出来。"她的努力，也有了回报，在Intel ISEF上她拿到了植物学的学科最佳奖。

以庸俗的眼光看，万若萌是标准的中国式学霸——学校成绩好、托福成绩好，AP课程考试也是全A，参加国际比赛拿大奖。有人假设，如果她当时不读国际班，在国内参加高考，也能冲击高考状元。但是，这完全是种误解。

和那些只会考高分的考试机器相比，万若萌一直知道自己的激情所在，即使"脑袋有点慢"，但她的科学"执念"一直推动她向前。因为太喜欢BBC的纪录片，初中就把纪录片的英文字幕抄下来。因为太喜欢看TED上的演讲，就跟踪国外生物学、仿生学的最新研究。她在初中时，自己决定以后一定要出国读书。

虽然学校没有开设AP课程，她依然自学，然后参加考试。她没参加过任何辅导班，因为她觉得自己能安排好复习的节奏。从她进入国际班开始，她就给自己选择了另外一种人生，在别的高中生为了高考反复刷分时，她能够在自己的卧室忙着实验，在遇到各种麻烦时，都没有放弃……

我特别想做一件事，就会尽自己最大努力去做，希望能把自己最好的一面展现出来。

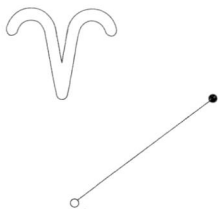

2014年6月14日，万若萌去美国大使馆办签证。她穿了一件T恤。上面印着"Think like a proton，Always positive"（像质子一样思考，永远充满正能量）。美国的签证官翻着她的护照和申请表格，问了她两个问题——"Do you think like a proton？ Is it better to be like an electron or neutron？"（你真的像质子一样思考么？像电子或者中子那样不好么？）万若萌以为，他是先跑一下题，做个开场白，没想到，那就是唯一的问题了。

万若萌回答了"Yes"之后，这个质子通往美国的大门就被打开了。

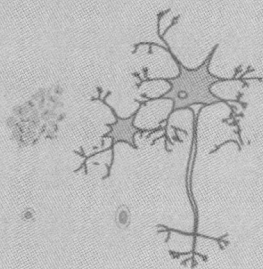

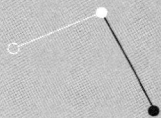

王翘楚 "不务正业"的实验狂人

他来自河南，在这个全国高考压力首屈一指的人口大省，他却将大部分精力投入在高考不考的科目——科学实验。一场大火烧毁了宿舍，却让这个少年开始了寻找新材料的实验之路。而这一场探险，可能会改变整个中国的保温材料市场。

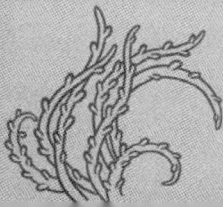

Part 5

一场大火烧出个 idea

如果有什么事件改变了王翘楚的一生，那就是他初中时发生的一场火灾。

那年，他还在郑州八中读初二。正上着课，靠窗的同学忽然骚动起来，他也凑到窗口去看。一栋楼起了火，烟尘滚滚。着火的是学校的教职工宿舍，于是全校大乱。下课后，学生们都从教学楼跑到了操场上去看，没多久，消防车就来了，火势不大，很快就被扑灭了。

本来，这件事儿和他没多大关系。前两年，上海胶州路大火，电视台连续播了很多天这个新闻，当时，他也没有特别留意火灾的原因。但这次就不一样了。有一天，他突然就想起来："一个柜子烧了，很合理，那是木头的，楼不是钢筋混凝土的嘛，为什么会着火呢？"他查了一下起火原因，那是因为外墙保温材料易燃。

在王翘楚读初中时，学校开了一门实践课。每周一节，让他们都做个研究项目。别人报的课题都非常简单，比如改建个电灯、记录一下昆虫习性之类的。王翘楚那个班有80个学生，大致都选的那类课题。老师也没什么具体要求，说是让他们试着自己探究。王翘楚跟几个同学说，他想做个建筑起火原因调查，六七个同学原来说跟他一起做，最初还参与了讨论。后来，同学们的父母觉得太浪费时间，同学们就放弃了。

王翘楚在网上搜索了一些资料，对防火材料有了个基本了解，就总想到工地上去看看，他们到底都在用什么材料。

他自己跑到家旁边的建筑工地溜达，刚好那个楼盘正在做外墙保温。工地上堆放着黄塑料布包装的岩棉，一块一块摞起来，堆了一人多高。也有些包装打开的，他拿了一块，纤维有点粗，有点扎手。

他最初以为，建筑施工可能在用板挤塑式聚苯乙烯泡沫塑料（XPS）和聚氨酯泡沫塑料做保温。这两种是有机板，可燃。他跑了几家工地发现，的确有的工地在用。但也有几个工地在用岩棉，这挺让他意外的，因为国家已经禁止使用这种材料了。施工时，岩棉容易掉粉。工人一旦吸入，容易得尘肺，还可能致癌。岩棉的保温效果也不好。下雨会渗水，一吸水，保温功能会变得很差。但岩棉也有好处，它是一种无机材料，不可燃，并且价格便宜，10多块钱就能买到1平方米，聚氨酯板比这要贵3倍，得30

多块钱1平方米。

王翘楚长得瘦瘦弱弱的，一看就是个学生。他在郑州几个工地游荡，工地的人待他都很不友好，"他们总是驱赶我，让我快点滚蛋"。他用收集的资料写了一篇作业——《建筑起火原因调查》，把建筑用的保温材料的价格、各种材料的特点做了一张表格。实验结论，就是那张表格。

老师看了他的作业，很赞赏，希望他能再深入地探索。他不明白，问："怎么探索？"老师说："找到不易燃的保温材料。"

王翘楚自己没这个能力研究保温材料。老师把他推荐到郑州大学，去找自己的老师——沈老师。那时，老师也不会想到，这么无意间的举动，将来可能改变中国保温材料市场。

一直失败该怎么办

王翘楚走过郑州大学化学系走廊的时候，战战兢兢，有点怕，又很兴奋。实验室一个连着一个，楼道里充满了浓重的化学试剂的气味。他去见老师的那天，是个周末。他父亲开车送他去的。他见到老师，紧张得不敢讲话。父亲一直鼓励他，把想法讲出来。

王翘楚讲了自己想尝试的方向——把无机的材料和有机的材料混合起来，发泡做成板子。无机的，保温性能比较差，但可以防火；有机的，保温性能好，但易燃，要是能把两种材料用一定的比例混合起来，它们的优点就都能有了。他当时觉得自己想法不错。老师听了，直接笑了，告诉他那是不可能实现的，因为发泡是个缩聚反应，无机材料和有机材料要脱羟基。他还是将信将疑。老师给了他一些材料，让他回去看反应的机理。之后，王翘楚陆续去了郑州大学几次，每次都带回来一点资料，翻翻看看。

暑假，老师开始指导他做一些实验，都是很基本的，继续研究需要用的。比如发泡——用酚和甲醛混合之后进行搅拌，水浴加热，冷凝之后就会得到树脂形态的物质，然后再加上发泡剂、表面活性剂，最后发成泡了，在烘箱烘干就行了。如果失败了，可能中间还是固体，但压根凝不起来，或者，有一点是泡沫状，但旁边有硬块，也可能是半固体、半液体……失败可能会有各种状态出现，但成功就是一个样子——形成泡沫砖，砖很蓬松。

老师让他把原理先搞清楚，开始没让他直接去研究新型材料。王翘楚乐此不疲，他从小就喜欢在实验室待着。大学的实验室里有着太多神秘的仪器、化学试剂，他在旁边看着研究生、博士生们做别的实验，很多仪器都慢慢会用了，过得很开心。

王翘楚小学在河南省实验小学读的。十几年前，那是河南唯一一所开实验课的小学。虽然做的都是些最简单的实验，比如绿豆芽发芽、洋葱表皮切片、口腔上皮细胞观察之类的，但足以吸引小孩子。初中，他也挺爱上化学课。焰色反应给他的印象太深了，它会出现那么漂亮的光，真是神奇。他觉得做实验太有意思了，没事就喜欢往实验室里蹭。

他很喜欢去百度的化学贴吧，有些帖子会介绍一些有意思的实验。贴吧里待得久了，看到类似的实验也多，上面都有比较具体的步骤，他就想试。他成了化学品商店的常客，买个试管、酒精灯，跟着做简单的实验。"一次买一点，做一个东西，后来就买了不少东西，做了不少实验。"

他做过一个叫"黄金雨"的实验，就是把硝酸铅和碘化钠试剂混合，水浴加热。在实验过程中，碘化铅结晶在水中会慢慢沉降，形成正在结晶的碘化铅溶液。在灯光下，溶液会发出金黄色的光芒，如同童话世界中，下起黄金色的雨点，非常浪漫，所以实验得名"黄金雨"。他觉得很好玩。这么一个实验迷进了实验室，就算每天他都要坐公交车跨越大半个郑州市区，他依然乐此不疲。

王翘楚在郑州大学的实验室待了快一个月，终于可以试一些新材料。有一天，他跟老师说，还是想试试把有机物和无机物混合，就算这个想法一开始就被否定过。"我跟他说，我真的特别想试试，他也没反对我，可能就是觉得我比较搞笑，他可能一直觉得我挺搞笑的。我做实验的时候，他一直在旁边陪着。"

实验早晨9点开始。他先按一比二的比例把岩棉和酚醛树脂混合了。"时间到了，还是一滩液体，泡根本发不起来，液体的味道也很刺鼻，有点像油漆。"他又把比例调成了一比四，又试了一下。"我当时挺坚持自己想法的。我觉得可能别人都没有这么想过，我这么想了，用这理由还挺能说服我自己的。"结果，效果还是一样。他又把比例调成了一比八。从早晨一直试到下午4点多，稍微有点发泡。"我特别兴奋，觉得差不多了。但老师在旁边说，有机物的比例比较大，无机物就相当于杂质了，没有参加反应。"

那天，王翘楚不太开心，但也没特别沮丧。那时，他还不知道，还有更长久的失败等着。

暑假结束了，王翘楚去实验室成了习惯，开学之后，他还是继续去。父母也都支持他。他那时已经初三了，别的同学已经开始上各种补习班，准备中考。但他把周末的时间都用在实验室了。

他当时已经看过很多资料、论文，对这个领域的研究很熟悉了。国际上，最好的一种防火保温材料是酚醛树脂泡沫，就是把做电插板的那种材料发泡。国内一些军用设施的保温材料就是酚醛树脂泡沫，但国内生产的这种材料，有明显的缺陷——脆性特别大，很难施工，掉粉很严重，用铆钉一扎就透了，价格也特别高。国际上，最好的技术由英国金世班（Kingspan）公司掌握。金世班公司已经解决了材料的韧性问题。但是，他们没有公布实验细节。王翘楚猜想，他们可能用了高分子材料，"不然，不会卖那么贵的。1平方米要卖100多块钱，实在太贵了"。

国内很多实验室，也都在尝试，山东大学、厦门大学都在做一些改良酚醛树脂的实验。但是，他们只是在工艺上进行改变，没有想改变实验材料。青岛有一家公司也在进行改良，但是产品销售状况非常差。因为太贵，建筑商不愿意采纳。

王翘楚想找到一种新的材料，而不是只改变工艺。金世班公司用的原材料是纯酚，王翘楚想换成混合酚，为了找到理想的原料，他查阅了各种酚的资料，很快成了"酚专家"。

有半年，他总是跟着老师去郑州的解放路市场买材料。做实验需要用的各种酚，都要另外购买。化学试剂受管控，他自己不能买，都是老师帮他买的。一次花几十块钱，来来去去，半年花了几千块钱，"最后，老师也没要我的钱"。不断地试，不断地失败。有时候，发泡稍有一点意思，他就觉得有希望，调整比例继续试，最后还是失败。

他想到过工业提炼煤焦油，提炼后的沥青里面含有少量的酚，是在最底层的废料中，杂质多。他搞了一些回来做实验，试了几次都不成功，"不成功应该就是杂质太多了"。

那段时间，他一直在失败，都几乎绝望了。

他还试过石油工业里的残留酚。"我当时抱希望挺大的，老师也说可以试试。试了之后，泡还是发得不够均匀完整。我以为是发泡剂表面活性剂用得不太合适，调整了发泡剂，比例也调整了，还是不行。那次，是有点丧失信心了。"

老师当时安慰他："能有这样的想法就挺好的，有这样的经历也挺好的。"

这么说，他更难过了。

再多坚持一分钟

王翘楚后来想，他最开心的时刻，倒不是他实验成功的时候，而是发现新材料——焦油粗酚的时候。

他是无意中找到石油工业的分酚的，最后在煤焦油工业里找到焦油粗酚，也是无意之间。他发现，除了最底层的那种工业废料，其他废料中还有焦油粗酚，也是混合酚。他就想着弄点试试。

"我想着，那些东西都是工业废料，应该很便宜。但差一点儿，那个实验就没做成，因为材料我弄不到。"那种材料，一般是从气化厂直接送到化学提炼厂，厂和厂联系，就没有市场上这一环。

王翘楚网上查到，河南义马市有个气化厂，那里会有焦油粗酚。一个周末，他父亲开着车，载着他和老师一起去义马。路上聊天，他父亲跟他和老师说，很支持他做研究："这比上补习班、打篮球、打游戏有价值多了。"他父亲以前做过几年中学物理教师，后来去经商了，但还是比平常人开通，也更懂教育。几个人到了那个厂,人家不肯卖,最后说要买就得买一大桶。老师出面跟人家继续求情,最后也没要钱,送了他们一些。"我用了一个可密封的瓶子,装了一点。也很省着用,做了三次实验才用完。"

实验第一次,还是没成功。第二次就发起来了一点。第三次调整了一下,也不是很满意。"中间有塌泡的,也有破碎的,但整体看起来,有个形状了。老师说,这个有可能就可以。"

但是,最充满希望的时候,实验却不得不停了。他马上要中考了。"初三下学期,实验快做完的时候,我妈妈就不让我去做实验了。到四五月份基本停了,得复习考试。"

王翘楚平时考试成绩很普通,也就十几名。他认真学习了一段时间,模拟考试考了个全班第三,在学校也进了前20多名。"我初一时,也没考过这么好。我政治不好,英语还行,摸底考了满分。我爸妈也挺高兴的。"初三时,同学几乎都去上补习班,他一直在做实验,没补习过。"本来我妈妈是挺支持我搞研究的,但后来升学压力太大了。"

中考过了,他参加完学校的毕业典礼,就又跑去实验室了。每天七八点钟过去,晚上四五点钟再坐车回来。每天八九个小时都在那儿做实验。也没觉得累,还挺习惯待在那儿的。"那时,确定要用这个材料了。感觉要成功了,更有动力了。"

最初,他用焦油粗酚,只是想降低酚的含量。但实验有个意外的惊喜,做出来的成品韧性很好。"至少比酚醛泡沫好很多。"他后来才明白其中的原因：本来酚是刚形结构，排列规整，比较脆，但焦油粗酚是混合的酚，排列不规整，碳链互相结合，形成比较强的长碳链。"成品韧度虽然不如英国金世班公司的产品，但在使用时，不会出现脱落。铆钉打入的时候，不会碎，也不会脱落下来，已经符合标准了。"但因为焦油粗酚是工业废料，成本会比金世班公司的产品低2/3，在国内的应用前景就大多了。

"他每天回到家，都很兴奋。把他当天实验的进展给我讲一遍。我开始并不太清楚他做什么，可是他讲得太多了，我就懂了。"王翘楚的母亲听他念叨实验太多了，后来都能给他当助手，收集资料了。她平时很是支持他。她毕业于南京气象学院，在郑州也是做气象工作。王翘楚对科学的热爱至少有一部分来自母亲的遗传。

之后，他还在不断地改进实验，一点一点地，改得不大。老师又给他提了很多建议，发泡剂换一换，制作的时候改变一下搅拌时间、预热时间……都是让各个环节更完美。虽然他读高中之后，实验又做了一些修改，但最核心的部分，在2013年的夏天就完成了。

那个夏天，真是幸福。

王翘楚的中考成绩出来，也是顺遂人意，顺利进了河南省重点中学——郑州市第一中学。"我爸妈都很开心，但对我来说，

如果选择实验成功和上重点中学哪个让我更
开心，我肯定选前一个。"

Intel ISEF——接近梦想的地方

王翘楚进郑州一中没多久，老师和同学
们就都知道他对化学感兴趣，而且还在做一
个严肃的研究。郑州一中还从没有人参加过
Intel ISEF，只有人参加过河南省青少年科
技大赛。学校就想推荐他参赛，项目一报到
河南省科协，其刚好在为Intel ISEF冬令营
做选拔。王翘楚就被选上了。

冬令营时，他见到了全国来的选手，才
觉得自己太缺乏经验了。北京、上海、成都很
多学校都有十几年的参赛经验，他们的选手都
由老师、师兄、师姐传授一些经验。他什么都
不懂，孤军奋战。"我贴展板的时候，都贴反
了，也不知道该准备什么材料。"在准备选拔
赛的时候，他认识了河南濮阳的张溪典。张
溪典以前参加过全国比赛，两个人展位挨着，
给他讲了该如何展示项目。"我看了他做的画

我爸妈都很开心，但对我
来说，如果选择实验成功
和上重点中学哪个让我更
开心，我肯定选前一个。

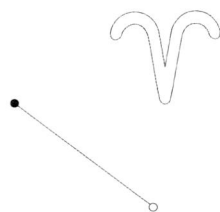

125

册、图集，学了不少。"

王翘楚虽然不算特别内向，见评委来了，还是很紧张。冬令营的规矩，介绍项目必须用英语，也算是为Intel ISEF做预演。一个评委看他太紧张了，就安慰他。评委让他先用汉语说一遍，看他比较自如了，再让他用英语说一遍。

有个评委给他提了个意见。实验中，他用了石油醚做发泡剂，因为石油醚很环保。"评委说，实验室用很好。但如果工业应用石油醚做发泡剂，一旦发生碰撞，就可能引发爆炸，遇到明火，也可能发生爆炸，太危险。"他听了，大吃一惊，之前完全没考虑过。

姜冬梅评审他的项目时，王翘楚很放松。"她一直在夸我，一直笑，我就不紧张了。"

姜冬梅提了几条建议。一是王翘楚给出的实验数据，没有标明误差范围，考虑到严谨性，建议他补上。另外，王翘楚的实验是用单因素法做的。"如果单因素法是探究实验的最佳方案，那么如果继续优化，就该再用正交法实验。"单因素法，只是考虑单一变量对结果的影响，而正交法会同时考虑多个因素。"单因素法的缺点是这样的，比如你要控制一个变量，但是你不知道这个变量在这时候是否是最好的，所以第一个选定的量不太科学。"

姜冬梅还让他重新梳理一下思路。"从提出假设，做预实验，再到之后讨论，讨论之后再进行实验，得出结论。"姜冬梅建议他按照这样一个顺序，不论是论文还是展板上，都要按照科学的规律表达出来。"我以前并没有这么清晰的思路，至少没有从展板和论文上体现出这个过程。"之后的两个月，王翘楚又补充了一些实验，修改了论文和展板，也用上了从张溪典那儿学到的经验，做了实验的图集。

王翘楚在高中的成绩中等，毕竟实验占据了他很大部分的精力，但学校的老师也能理解和支持他。在河南这样高考压力极大的地方，坚持做这个，他自己、家长、学校承受的压力要远大于北京、上海。好在，他热爱。他在这个实验中的所得，没有任何一门课能教给他。

2014年5月，洛杉矶会展中心。在几千人的大展厅里，王翘楚是很瘦弱的一个。他刚刚上高一，看一切都很新鲜，也带着震撼。

他参加Intel ISEF报的是化学组，这一组的项目，全部排在一起。

布展时，他就把每个项目都看了，脑洞大开。"他们的化学项目比较偏学术一些，我这个比较偏应用一些，还有一些研究催化剂或者一些高分子结构的，我也感觉想法都挺奇妙的。"罗马尼亚的一个项目，让他最震惊。"他可以用脑电波控制汽车的前进后退，虽然只能完成最简单的指令——行进、停止，但我觉得就那样也挺神奇了。"

王翘楚还在上高一，在中国选手中年龄最小。他生性单纯，没什么得失心，在赛场上被记者追问，希望自己能拿到什么奖项，他说："能来就特别高兴了，没想过得奖的问题。"他从小就没参加过这么大型的活动，"能有这样的体验就很好的。"

他虽然有点羞涩，也不是口若悬河的那种人。但确实渴望和周围的人交流。"交换徽章的时候，我是带了特别多东西的，拿了一个大袋子全是徽章、纪念物、小国旗什么的，我就主动跟别人换，换完了，拿回了整整一大袋。"

跟选手们聊天，他也觉得挺有意思。

他跟北师大附中实验分校的马希伟聊天。马希伟讲起，他们学校有很多选修课，比如建筑学。"我从没想到这也能开一门课，我觉得好有意思。他说，他们每天正课就上到下午两三点，剩下的都是选修课，各种各样的。"王翘楚听了，很羡慕。

在河南，人口多、高校少，升学压力大，几乎每个学校都是以学习为主。"我们学校还算课外活动多的，自习从6点多一直上到晚上10点。一般写完作业就11点多，或者12点也有，比较刻苦的会学到两三点。想考清华、北大，也必须考在年级前20名。我没有那么优秀，我是说学习方面。"

同类别的选手，比赛中虽然是竞争关系，但见面也还是很亲切。

王翘楚展位对面是个台湾女孩，上高三，给了他挺多帮助，布展的时候，帮他粘展板。比赛时，翻译人员不足，王翘楚没有请到翻译，她请到了一个。和印度评委交流的时候，他的英语王翘楚听不太明白，台湾女孩就让她的翻译帮他。

他们在一起，也会聊起做项目的痛苦。以前，王翘楚总是觉得自己运气不太好，失败了一整年。谁都知道，做项目有时候就是需要一点点运气的。跟台湾女孩子聊天，她做的是一个催化剂的项目，也是失败了一整年。"我在那时候才觉得，哦，可能做研究就需要不断的失败。"虽然他的导师以前也这么讲过，但感受不太一样，"我以为，他是在安慰我"，跟同龄人交流，才发现，其实每个人都经历了很多。

比赛那天，他并没有紧张，评委都挺友善。但他们对很多细节都很在意。有个评委看到他预计以后产品的市场价格为33块钱。"他不相信，认为我标错了，觉得那是成本价格。"但那就是市场价的估值。王翘楚让老师委托人做了正式的市场评估。

王翘楚给他讲了，中国有很多煤焦油工厂，工业废料价格便宜，也容易获得。和英国金世班公司相比，他原料省了很多钱。评委才信服了。

王翘楚后来拿到了化学类的四等奖，开心到脸都放着光。宣布获奖时，国内已经是凌晨。他怕母亲已经睡了，就只发了一个邮件。"我发邮件告诉他们，我拿到奖了，又给他们描绘了一下情景，说有特别多的人、特别大的舞台，有人喊我名字……"他母亲很快就回了，父母一直在等结果。

Intel ISEF只是一周，生活还得继续，但命运却可能完全不一样了。

王翘楚对面展位的台湾女孩也拿到了四等奖。"她比较幸运，已经保送到了台大了。在台湾，只要拿了Intel ISEF的奖，就可以保送了。"

王翘楚却依然面临高考的压力。他们学校，高一晚自习就要上到9点40分。以前他放松的方式，是参加天文社，9点40分之后、10点寝室关闭之前的20分钟，可以在操场上看星星。他一周大概会去两次。但参加Intel ISEF，落了课程，那20分钟就只能被补课占用了。

王翘楚的母亲，一直觉得，国外的高等教育比国内的更严格、更系统，也便于他以后做自己喜欢的事情。王翘楚在郑州大学做实验的时候，听别的研究生聊天，说美国加州大学伯克利分校、英国伦敦学院的材料科学系都很好，国内厦门大学、郑州大学也都还好。

参加Intel ISEF时，王翘楚刚好碰到一个河南女孩已经拿到伯克利的offer。他就一直追着问她，怎么学英语的，怎么申请的。暑假的时候，他也开始强化英语。

目前，王翘楚考取了青岛大学，但还在犹豫着要不要出国读研究生。

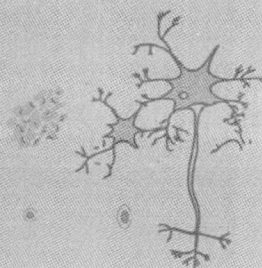

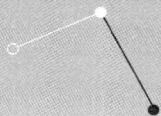

Part **6**

张溪典　爱好古怪的"蜘蛛少年"

这个从小爱把各种虫子当宠物的孩子不会想到，有一天自己的古怪爱好会让他站在美国的领奖台上。他曾有句"名言"：对于自己的项目，老师和家长不反对，已经是最大的支持了。

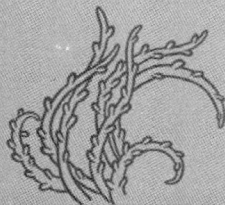

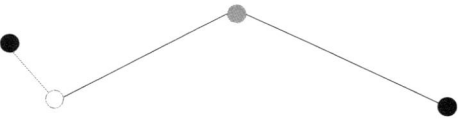

Part 6

"水黾君"诞生

2013年夏天，张溪典独自一人乘坐火车去南京参加全国青少年科技创新大赛。

张溪典的家乡在河南濮阳，一个不通火车的小城。参加这次比赛时他上高二，发型是极短的寸头，细眉细眼，看上去很清瘦。他穿一件水蓝色的西装，比天空的蓝色更深一点，比深蓝色更浅一点。那是他最正式的一套衣服，只有在重大场合的时候才会换上。

张溪典做了个环境科学的项目——农村小水体面源污染对水黾生存的影响。在成百上千个项目中，这种选题很常见。因为生态恶劣、环境污染，刺激了很多少年的心灵。比如，有人尝试用天竺葵降低雾霾的影响，也有人做毒性更低的生物农药，一个来自北京的男孩甚至做了解决煤炭工业污染的项目。张溪典在这些人中，乍看并不突出，但只要跟他聊15分钟，你对他的印象就会发生改变。

张溪典最初给人的印象是腼腆、拘谨。他的开场白是固定的——"国庆节我去池塘边玩，发现我的'小伙伴'消失了"。这有点像机械地背诵。他说的"小伙伴"，就是水虿，一种很常见的细手细脚的水蚊子。他也因此有了个绰号——"水虿君"。

他说去池塘捞水虿时，发现这种动物消失了。人自然会问："你为什么对水虿发生兴趣？"这时，他就会讲起自己那与众不同的兴趣——喜欢一切各种不起眼的小动物，包括蜗牛、蜘蛛、蝎子、鳄龟、鳄鱼、蛇……只要你想听，或者问起任何一种动物的习性、喂养方式等，他都会滔滔不绝地告诉你，就像有个神秘开关突然被打开。他双眼放光、充满激情，机械地背诵消失了，成为一个聪慧、博学的动物学者。

他也会讲到一些遗憾：自己感兴趣的小东西，有一些家里没办法养，比如棒络新妇蜘蛛、水虿。"它们对生活的环境要求高，抓到家里很快就会死。"

张溪典的研究简单、容易理解。他把水虿作为一种环境指示生物，调查到底是什么污染了水体。周围没有工厂，工业污染的可能性首先被排除；周围也没有种植农作物，农药污染也排除；那么只有生活废水污染可能性最大。他设计了5组实验，分别模拟糖、盐、醋、碱、洗衣粉的生活废水，实验最后证实洗衣废水导致水虿的死亡。之后，他对住在附近的农户做了入户调查，调查结果支持了实验的结论。

如果张溪典只是把这个过程写成一篇论文，在众多的项目中不会显得出众。虽然实验论证完整，但选题并没有让人眼前一亮。好在各级青少年科技大赛都延用了Intel ISEF的方式——评委问辩。这给了他展示自己项目的机会。

评委的专业背景不同，问的问题也五花八门。一个评委问："你知道半翅目昆虫和鞘翅目昆虫有什么区别吗？"张溪典回答："水黾就是半翅目昆虫，金龟子、粪金龟、甲虫那一类的都是鞘翅目昆虫。鞘翅目昆虫有两对翅膀，其前面一对角质化，变硬了，可以长时间飞行。但半翅目昆虫的翅膀退化了，最多短暂飞行。"评委说："你答得好。"

另一个评委问他："你知道水黾为什么能在水面上站立吗？"张溪典答得很规矩："一方面是因为水表面的张力，那是教科书上的答案；另一方面是因为水黾足上有一层刚毛，刚毛的结构独特，可以增加和水面接触的基数。"张溪典还提到水黾刚毛上有一层油脂。当他说出油脂的名称——正十一烷时，评委很惊喜地问："你怎么知道的？"

"记不得是在哪篇论文里看到的了。"评委很开心地说："那篇论文是我一个学生写的。"他告诉张溪典："油脂是水黾自己分泌的。如果用表面活性剂把油脂洗掉，它还会重新分泌出来的。"

张溪典后来才知道那个评委叫张治，他已经担任过很多次科创大赛的评委了。

在比赛中，张溪典丰富的动物学知识让他与众不同。他不仅获得了2013年的科技创新大赛一等奖，还拿下了英特尔设立的英才奖。他后来说："能拿下比赛，那两个问题答得挺关键。"

古怪的爱好

张溪典从小对各种小动物都感兴趣。这种兴趣持续了十几年，水黾只是兴趣之一。他最了解的小动物并不是水黾，而是蜘蛛。

香港宋庆龄教育学院院长姜冬梅至今都还记得第一次见到张溪典时候的样子。"他随身带了一个小瓶子，装着他捉到的蚊子。"姜冬梅觉得这个男孩太可爱了，问他为什么要捉蚊子。张溪典回答说："抓蚊子是为了养蜘蛛。"

在四五岁的时候，张溪典就想养个宠物。他是独生子，寂寞、无聊，缺少玩伴。父母不让他养狗、养猫，怕把家弄脏。于是，他养了一只蝇虎，那是他第一个宠物——一种会跳的蜘蛛。

他把蝇虎装在一个游戏卡片的盒子里。为了给它提供食物，他在盒子里也养过几窝蚂蚁，但盒子盖得紧蚂蚁就死了，盖得松蚂蚁又都跑掉了。

"蝇虎很好养，喂它小苍蝇、蚊子都可以，抓两只丢进去，它会先吃一只，饿的时候再吃另外一只。抓不到昆虫又想给它补充水的话，可以把鸡蛋打碎，滴一滴，它会去喝。很多人认为它只吃昆虫，但我后来发现它和人一样——杂食，什么都吃。肉、鸡蛋、馒头甚至花，它如果饿了也会拔出来吃掉。"

他还养过蛆虫，"看起来确实太恶心，害怕被家里人发现，也放弃了"。后来，他练就了抓蚊子的本事。"蚊子很傻，只要在垂直的下方用瓶子扣住它就跑不掉。"

十年里，张溪典的宠物队伍日益庞大。他曾养过蝇虎、漏斗蛛、圆蛛、狼蛛、食鸟蛛、智利红玫瑰……初中时，他的卧室几乎是个盘丝洞。门后放着蜘蛛缸，里面养着一条蛇。电脑桌上放着两个大的锥形瓶，里面养着蝎子。还有一张桌子上有一摞卡片盒、十二个小的锥形瓶，还有一排医院注射液的药瓶子，其有二三十瓶，瓶口都用纸塞住。这些大大小小的瓶子里装着各种各样的蜘蛛。他把那段日子称为"黄金时代"。

爱好给予张溪典的不仅有乐趣，也有很多困惑。

他养过几种食鸟蛛，其中有一种叫粉红脚食鸟蛛，产自委内瑞拉。"它对温度、湿度要求很高，春秋换季没有暖气的日子里，特别容易死。我准备了加热灯、加热垫，它还是死了。"他一直很困惑，为什么死的都是大型食鸟蛛，智利红玫瑰就能活得张牙舞爪。一只智利红玫瑰他养了几年，取了个 "慕容小涵"的名字，现在还在他家里。

2014 届 Intel ISEF 大赛参加者

项目：黑豆皮促进酵母菌发酵的物质基础和机理探究

观察狼蛛，其是一种会在地上挖洞过冬的洞穴蜘蛛。他在网上查到，这种蜘蛛会以卵或者幼虫的形式过冬。

他开始就不太相信网上的这种说法，如果以卵过冬，为什么春天就会长成一只特别大的蜘蛛？冬天，他特意去森林公园里看，发现它是自己挖了洞，然后钻进去，把口封上的。春天来时，他又去找那个洞，发现洞口有狼蛛蜕下来的皮。"网上的说法不对，它是以成体的形式过冬的。"

"蜘蛛少年"遇见"蝗虫教授"

在初二那年，张溪典遇到了一个影响他一生的人。那时，他加入了一个叫"爬行天下"的群，不懂的问题就丢到群里。

有段时间，他搞不清楚蠼螋该怎么分类。蠼螋很常见，就是会从家里的下水管里爬出来的那种多足的小虫子。书上说节肢动物有五类，但是他一直搞不清楚蠼螋应该分在哪个里面。

有个网友说："谁告诉你节肢动物分五类的？我给你讲一下节肢动物怎么分类的吧。节肢动物门分为两个纲，即六足总纲跟非六足总纲。六条腿的分一类，不是六条腿的分一类。六条腿的、带翅膀的都是昆虫，就是六足总纲下面的昆虫纲。六条腿不带翅膀的是非昆虫六足总纲，比如说蠼螋。非六足总纲，就是除了六条腿以外的节肢动物，比如蜈蚣、马陆、蚰蜒、蜘蛛、蝎子。实际上蜘蛛和蝎子是亲戚，它俩都是八条腿。"

解答得太专业了，一下子把张溪典镇住了。张溪典加了这位网友的QQ，后来才知道他真的是个专家。他是河南农业大学的教授牛遥。牛遥是一名研究蝗虫的专家，他在一座山上就发现了27种蝗虫物种。没过多久，张溪典就在父母的陪伴下去郑州拜访了牛遥。

第一次见面，张溪典很紧张。都是牛遥问，他答。牛遥也就问了他都养了些什么动物。牛遥有点童心未泯，送了张溪典一个捕虫网，还教了他一些技巧。张溪典虽然养了很多年蜘蛛、蝎子，但一直不敢让它们往手上爬。牛遥说："不要怕。小的蜘蛛毒针压强达不到刺透皮肤的力度，把蝎子的尾巴稍微剪掉一点或者稍微磨一点，它就扎不进皮肤里了。"

之后，张溪典遇到问题就给牛遥打电话。牛遥做研究查文献的时候，如果发现张溪典应该会感兴趣的也会转给他。从那时起，张溪典开始养成查阅文献的习惯。虽然兴趣并不一致，但牛遥依然给了张溪典巨大的影响。之前，他只是一个喜欢养小动物的男孩，是牛遥把他真正带进了科学研究的领域。

有一年暑假，张溪典去郑州的森林公园看悉尼漏斗蛛和迷宫漏斗蛛。一片树林后的墙上密布了各种蜘蛛网，颜色不一。痴迷蜘蛛的那些年，张溪典养成总想把蜘蛛网归类的习惯，但看到那种网的时候，却不知道该怎么归类。"说没有规则吧，捕食网还是有规则；要说有规则吧，垃圾网却杂乱无章。"他被网的复杂结构迷住了。

他观察了一段时间才搞清楚那是棒络新妇蜘蛛结的网。棒络新妇是一种很出名的蜘蛛，电影《蜘蛛侠》里从蜘蛛体内抽出来的丝就是棒络新妇的丝。"丝的硬度是钢铁的8倍。"这种蜘蛛非常有名，研究它蛛丝的人很多，但研究它网的结构的人非常少。

蜘蛛结的网有天壤之别：带黏性的、不带黏性的，规则的、不规则的，单一的、立体的。常见的蜘蛛网都是规则的，上面就是一张八卦图。棒络新妇蜘蛛织的网看起来要复杂得多。张溪典想搞清楚那些网到底都有什么功用。他花了两个月时间观察它们。这种蜘蛛白天捕食，晚上结网。于是他也昼伏夜出，每天晚上他都带着摄影机、三脚架、黑布，去拍摄。从上午11点开始，一直拍到第二天上午8点。

张溪典野外观察的两个月里，牛遥就去看望过他一次。但牛遥教给了他科学研究的步骤——发现问题、提出假设、设计实验、进行实验、整理数据、得出结论。科学研究并不是每次必须按照这个模板，但这种方法确实会简化、明确问题，更有效地解决问题。

他设计的"实验"其实就是搞破坏。一层一层地把网破坏，再观察蜘蛛是如何重新织网的。白天，他会重新看视频、整理数据。"我把它们织的网都画下来，画得多了才明白它们的网并不是杂乱无章的。网是立体的，一般分为四层：有两层保护网，起防护作用；还有一层垃圾网、一层捕食网。有的蜘蛛有垃圾网，有的没有。垃圾网和保护网的界限不是特别明确，可能跟织网空间大小有关系。如果空间比较大，它们就豪华装修一下。蜘蛛网被破坏掉，它们并不是把所有的网都重新织，只会把平时生活的捕食网重新织。"

那个暑假结束，他的收获包括几项——蚊子咬过留下的一身疤痕、一篇论文和另外一个悬而未决的问题。他又发现棒络新妇应该是种群居的蜘蛛。但假期结束，他必须返回濮阳，只好把这个问题留给了在郑州上学的表哥张子涵。

英特尔基金会执行董事温迪·霍金斯女士曾经说过："在一个孩子成为科学家的过程中，成人其实扮演了非常重要的角色。很多孩子的父母可能就是科学家，或者他们有一个很好的中学老师。"教育在他们身上发生的作用并不是传

英特尔基金会执行董事温迪·霍金斯女士曾经说过："在一个孩子成为科学家的过程中，成人其实扮演了非常重要的角色。很多孩子的父母可能就是科学家，或者他们有一个很好的中学老师。"

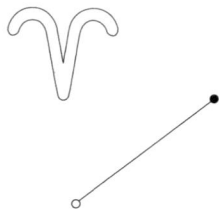

授已有的知识，而是给他们以探寻世界的方法。偏远地区的孩子得到这种指导的机会少于大都市。这个问题无论是在美国，还是中国，都是无法忽略的。

张溪典极为幸运。虽然中学老师不理解他，认为他总做一些和升学无关的事情，但他为自己找到了一名"导师"，随之一生也改变了。

越努力，越幸运

2010年，张溪典跟着表哥张子涵去了广州。每年全国青少年科技创新大赛的承办城市都不同，2010年的比赛是在广州。

张子涵和他的两个同学继续了棒络新妇蜘蛛群居的研究，他们在河南省赛中胜出，被选派到广州参加国赛，张溪典也跟着去玩儿。展馆里的几百个项目对他产生了巨大震撼。"我当时就想，以后我也要参赛。"

问辩结束后，表哥和他的团队总结失误，张溪典也在旁边听着。他们总结了两条经验。一是在公开问辩的过程中，无论见了谁都要非常热情地讲，因为有的评委不戴牌子，伪装成游客进去。"我表哥在公开问辩时发现，有个评委就是他前两天接待的游客。"二是在比赛中，一定要等所有评委都走完了再离开。"如果有的评委最后想再看一下，你没走，也留了个机会。"

2012年暑假，张溪典跟母亲要了点钱，说要去旅游。实际上他独自一人坐火车去了宁夏银川，那一年的全国青少年科技创新大赛在那里举办。他专门去看各种项目，为自己之后参赛积累技巧。

"我发现好的项目，是有共同之处的。选手们特别有激情。他们对每一个细节都非常清楚。知识面非常广，问专业知识，问项目里哪一步怎么做的，或者问项目以外的东西，他们都非常清楚，根本问不倒。"

经过多年地准备，2013年夏天，张溪典在南京举办的全国青少年科技创新大赛上获得了一等奖，也入选了备战Intel ISEF的冬令营。

Intel ISEF冬令营的选拔很严格，评委除了判断项目的研究价值、数据的可靠性，也会用各种方式甄别项目是否为选手独自完成。担任了几届Intel ISEF评委的凌晨说："有些项目，一看它的数据就知道需要一个博士生艰苦工作几年才能完成。虽然结论就是短短几行。"在各级问辩过程中，评委有很多问题也是在甄别项目是否独立完成的，"妈妈做的、爸爸做的、导师做的，完全可以被评委识别出来"。

在Intel ISEF冬令营里，有个选手做了一个风能的项目。评委问爬上风车的感受是什么，那个选手说"很冷、很高"。张溪典也被问过这种看似无关紧要的问题。评委问他："你去的那个池塘污染有多严重呢？"他说："整个池塘都散发着臭气，那种恶臭让你在那待1分钟都很困难。离开那里，持续几天都有一种恶臭萦绕在脑海中，干别的事情都感觉非常恶心。湖边到处都是死鱼、死青蛙，轻轻拍一下，密密麻麻的蛆虫从青蛙肚子里面涌出来……"

显然去过那个池塘的人，回答这个问题不会只说那里"很臭"。一个真的爬过几十米高风车的人，不可能对那种感受轻描淡写。

与那些大城市的人相比，张溪典有太多的劣势。学校普通，没有北京、上海那种配置优良的实验室。没有科技辅导员给他提供前人的经验，因为从未有他这样的学生出现。他想去参加Intel ISEF，都要顶着家里和学校的压力，因为高考和Intel ISEF时间相差不过一个月。

张溪典也有着无可替代的优势。他很小就知道了自己的激情所在。他为每一个别人不在乎的细节努力，也珍惜自己得到的每一次机会。"在南京比赛得奖的很多人都没来参加冬令营。有些人认为参加Intel ISEF无法获得国内高校的保送资格而选择放弃了，还有一些人准备出国在忙着申请学校，也有些人为了高考直接放弃了。但是，我还是想去Intel ISEF看看。"

2014年5月，美国洛杉矶成为张溪典的幸运之城。他的努力再次获得了肯定。在2014年Intel ISEF颁奖典礼上，美国兽学会把单项奖颁给了他。他飞奔上台，依然穿着那件水蓝色的西装。

激情在哪儿，就该去哪儿

2014年8月，张溪典做了一个让很多人意外的决定。他进入香港浸会大学学习影视编导，并没有选择动物学、生物学作为自己的专业。

在南京参加全国青少年科技创新大赛时，张溪典见到了很多来自大城市的选手。一起聊天的时候，他们都在讨论托福考试成绩、申报的国外的学校。那时，他才知道除了高考，还有那么多的可能性。但他那时再准备托福考试已经来不及了。回到濮阳之后，他四处打听还有什么方法可以出国读书。"2012年，学校有一个上浸会大学的。这所大学的电影学院又不错，我也想以后做科普视频。因此决定报考那里。"

张溪典在特别小的时候喜欢看《走进科学》，后来就觉得没意思了，"还不如《人与自然》或者《动物世界》单纯介绍动物的栏目有意思。《走近科学》实在太啰唆，总是故弄玄虚，比如海南一种虎纹食鸟蜘蛛咬到牛的舌头，牛的舌头肿了，没法进食就会饿死。这么简单一个问题，它居然分上、中、下做了3期"。

初中开始，张溪典就参加科学DV制作比赛。他最早做过的一个视频就是关于蜘蛛的，后来做的每个项目都会制作视频。最初，那也只是他的一个爱好。

高中，张溪典并没有想过去学生物，因为精力不够。表哥张子涵也没有选择理科，"理科缺一节课都不行，自己做项目经常会缺一周课，学校假期也要补课，根本没空自己补课。学文科会好很多，大不了回来自己背"。张溪典受了他的影响。

张溪典说："河南高考压力特别大。周六谁要找理由不上课，就会被老师骂一顿。除了学习基本什么都不让做。一边要参加比赛，一边还要准备学业，压力非常大。"

张溪典进入香港浸会大学的第一个月，香港正经历着"占中"事件。从周六请假不上课都会被骂，到刚交完学费就遇到罢课，无所事事，这是他人生中一个巨大的转折点。在这期间，他学习视频制作，在科学DV活动中指导一些小孩做视频。他融入了一个更开放的世界。

他又听说英国有更好的大学能学习制作纪录片，就开始默默地准备雅思考试。他希望有一天能到英国留学，继续跟随自己的激情去学习视频制作。

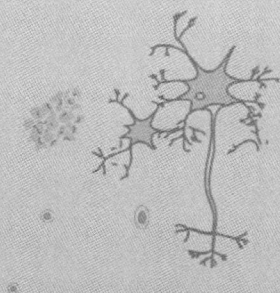

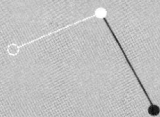

郝若尘 世界和中国的"第一人"

当别人都在追捧蝙蝠侠的面具时，这个少年竟做出了世界上第一个蝙蝠头部仿真模型。在声学这个研究已经非常成熟的领域，用自己勇敢的想象力和扎实研究，让整个世界吃了一惊。

Part 7

世界第一个蝙蝠头部仿真模型

2014年4月下旬的一个下午，在山东建筑大学物理系的实验室里，一位名叫郝若尘的17岁男孩异常兴奋。他的快递到了——一个鞋盒大小的包裹，里面是蝙蝠头部和耳朵的仿真模型。在这个以研究蝙蝠闻名的实验室里，教师、研究生们曾经接触过无数活的、死的蝙蝠。但蝙蝠头部仿真模型，大家都还没见过，就凑过来玩了一会儿，几分钟之后就各自忙碌去了。实验室的负责人庄桥教授也拿着它玩了一会儿。2个小时后，他上完课回到实验室发现郝若尘还抱着那个模型摩挲。庄桥忍俊不禁地说："行了，行了，别玩了，赶快做实验吧。" 郝若尘依然舍不得放下模型。那个拳头大小、白色的，摸起来很滑的小东西，花掉了他5周时间。

郝若尘的兴奋一直保持到了那天晚上，回家讲给父母听。但父母并不理解他干了什么。在郝若尘母亲的眼中，那天并没有什么特别之处。"我其实一直都搞不太清楚他到底在那个实验室做什么，以前他说是在喂蝙蝠，那天又说打印了个仿真模型。"

郝若尘那时上高二，在山东省实验中学国际班读书。他瘦瘦、高高的，眼睛小小的，还有一对招风耳。招风耳在英语里翻译成"bat ear"，其直译为蝙蝠的耳朵。郝若尘一直对蝙蝠回声定位感兴趣，这也像是一种神秘的机缘。

高一暑假，郝若尘对蝙蝠回声定位系统的兴趣日益浓厚。他看了很多论文，但还是有很多不懂的地方，于是他给庄桥打了个电话，后来就去他的实验室学习了。

之前，学者们研究蝙蝠回声定位，一般有两种办法。第一种是做被动声音接收，主要用活体进行观察实验。第二种是在电脑上进行数值模拟。两种方法都有缺陷。第一种可以保证数据真实性，但是收集数据时间太长，且在研究过程中经常会伤害到蝙蝠。"有的学者从事二三十年这方面的研究，要捕捉几百只蝙蝠。"这对于郝若尘来说，过于残忍。第二种方法，无法保证数据真实性，说服力不强。郝若尘琢磨，如果利用3D技术打印一个仿真蝙蝠头部模型呢？这样一来，既不用杀死蝙蝠，又能控制变量，得到可靠的实验数据。

几年前，郝若尘就开始利用3D技术打印东西了。初三，他打印了一个小徽章，徽章上面是他脸部的浮雕。"那个脸做得不好，看不出来是我。当时我还不知道MAYA那样的设计软件，就在网上找了个脸的模型，改了几个数据。"高一，他开始玩扑翼机。造扑翼机的零件也是他利用3D技术打印打出来的。不过，那些都很简单，家用的3D打印机就可以。设计这些小东西对他来说驾轻就熟，但打印一个仿真蝙蝠头部模型难度要大得多。

2013年年底，郝若尘去找庄桥讲了他的想法。庄桥觉得他的思路不错，也提了两个亟待解决的问题。"一是要求的精度太难达到了。二是打印材料也是个问题，蝙蝠耳朵是软骨，声音打过去并不是全反射，怎么能找到最接近蝙蝠耳朵的材料呢？"

实际的工作进展比郝若尘和庄桥预想的顺利。郝若尘查阅了各种资料，最后决定用微型X射线扫描仪对蝙蝠的活体头部进行扫描。"精度是够了，就是收集数据的过程很繁琐。"先要对蝙蝠头部进行X射线扫描，然后用得到的数据构建三维模型，最后打印出来。郝若尘完全不会用实验室的设备，在实验室碰到庄桥的研究生，像看到救星一样抓住他，"快教教我这东西怎么用"。"那种扫描仪的系统太庞大了，与普通3D打印机完全不一样。我以前完全没有接触过。"

打印材料的寻找进行得也很顺利。郝若尘发现光敏树脂很适合。这种材料一般为液态，在一定波长的紫外光照射下立即发生聚合反应，完成固化。它和蝙蝠耳朵的材质最为接近，但很贵。郝若尘上网搜到只有上海的一个厂家才能打印模型。他把数据给了厂家，厂家打印完再把模型快递给他。大大小小一共4个，为了以后做实验方便，既有同比例打印的，也有4倍放大的。

从有想法到模型打印出来，用了4个月。要知道，那是世界上第一个蝙蝠头部仿真模型，其对郝若尘来说，意义重大。但对他后来的研究来说，这仅仅是个开始。

兴趣的魔力

山东寿光以出产水果闻名。果农们为了防止麻雀偷吃，会在果园里架起雾网。暑假郝若尘在爷爷家的果园里玩，发现有一只蝙蝠挂在雾网上。他一直知道蝙蝠是在黑夜中捕食。但是，"它怎么能跟麻雀一样笨，挂在那儿"。他猜测它可能把雾网当作蜘蛛网了。"雾网很细，应该比头发丝都细，但蝙蝠应该还是能探测到网的。"如果他的猜测是对的，那么别的蝙蝠也会犯错。傍晚，他在果园里盯着雾网。在暮色里，一只蝙蝠出现了。它果然不像麻雀那么笨，直接撞到网上，而是来回飞翔，中间打了急停，转了几圈，再急停，然后一头撞过去。郝若尘的最初想法被验证了。

那时郝若尘才上小学三年级，是第一次认真观察蝙蝠，还有点怕。之前，他听过蝙蝠吸血，后来才知道山东没有那种蝙蝠。"蝙蝠品种太多了，有食果的，有食昆虫的，有吸血的；每种蝙蝠的频率、波谱、探测方式都不一样。但当时我并不知道。"

　　郝若尘对蝙蝠的兴趣在之后的几年里越来越浓厚。小学，他在《我们爱科学》杂志上看到了一篇蝙蝠回声定位的文章，内容很浅显，只介绍了蝙蝠是怎么确定对象的方位、自己和对象的距离、对象移动的速度的内容。但这也足以激发他对这种动物的好奇了。

　　初中，他开始看一本英文杂志《科学美国人》。那是一本大众科普杂志，由美国各学科的顶尖科学家撰写而成，其中包括150多位诺贝尔奖得主，涉及的学科领域很广泛，比如生物、物理、材料科学、化学、医学、天文等。杂志还有个音频栏目——科学美国人60秒，他也会经常听，新鲜、有趣，顺便学了英语。他会对物理，尤其声学领域特别留意，只要看到和蝙蝠相关的文章都会反复看几遍。

　　"杂志都是从淘宝上买的电子版，很便宜。"郝若尘完全把这当作一种娱乐，并没有意识到这是在学习。但这种习惯开阔了他的视野，也让他了解了科学领域最新的研究成果。杂志读得多了，他的英文也慢慢变好了。他后来在网上搜到一本英文书——《黑暗中聆听》（*Listening in the Dark*）。它是一本有关蝙蝠研究的科学论著，作者是唐纳德·格里芬（Donald Griffin），其从1930年开始做蝙蝠研究，1950年左右确定了"回声定位"这个词，被称为蝙蝠回声定位领域的创始人。郝若尘被那本书吸引，反复读了很多遍。"最初不太理解，就反复地看。后来我看一些别的论文时，想起来它们好像在那本书里提过，又会翻出来看。"

郝若尘的父母对他的管束一直都很宽松，也正因为如此，他才能跟随兴趣自然成长。他小学在寄宿学校生活了4年。学校实行的是宽松式教育模式。"每天就是玩，周末父母过来接我回家。"初中，他读的是山东师范大学第二附属中学，作业不多，不那么看重分数，比较重视学生综合能力的培养。学校有机器人实验室，他也在机器人小组玩。父母从没有强迫他去读辅导班。那段日子，他过得无忧无虑。也正是由于这个原因，他有大量时间去研究自己感兴趣的东西。他经常翻看国际专业物理期刊《物理评论快报》（*Physical Review Letters*），也完全就是个爱好，不能提高分数，也无法引起旁人羡慕，甚至无人知晓。

初二暑假，他参加了美国夏令营。虽然只有半个月的时间，但对他影响很大。他参观了斯坦福大学、加州理工大学，住在寄宿家庭里感受了美国的家庭气氛，也立刻喜欢上了美国。"各方面都特别棒。校园气氛、课堂气氛、老师教育的方法、学生互相地讨论，完全跟中国不一样，特别自由。"

郝若尘从美国回来，每天吃饭时都会跟父母讲美国多有趣，连续讲了两周，听得父母都烦了。两个月后的一天，郝若尘正式找父母谈话，说他决定出国读大学。在谈话之前，他拟订好了一个计划。他在网上查到山东省实验中学开办了一个国际班，当时只办了一年，美国老师全英文授课。郝若尘说："高中想读这个班，然后去美国读大学。就是学费很贵，一年要6万。"父母最初有些意外，但最终还是同意了。

山东省实验中学是山东省排名第一的学校，国际班竞争也很激烈。郝若尘中考发挥得很好，挺顺利地考上了这所省内一流的高中。而他读国际班的选择对他之后的人生产生了诸多影响，比如有足够的空间和时间去琢磨蝙蝠的问题。

无论在哪个国家，传统初中名校都对众多家长孩子们具有极大的吸引力，比如更优良的师资，一流的实验室环境，优秀学生彼此的激励、启发。但近些年，人们面临的选择增多了。国际学校、有资质的国际部、暗自设立的国际班相继出现，它们的教育体系、教育方法给学生的影响是无法估量的。

一般来讲，北京、上海、天津、成都等地出现的国际学校，只有拥有外国国籍或者绿卡的孩子才能够就读。这些国际学校的课程体系跟美国的完全一致，全英文授课，开设AP课程。而其余各地出现的国际班只是把打算出国的学生分配到一个班级，加大英语课的数量，其他课程仍然汉语授课，老师和普通班的并没有区别。这些国际班的学生得以从高考的压力中解放出来，自己安排时间准备美国大学入学考试和托福考试。

郝若尘就读的山东省实验中学国际班介于这两者之间。高一会考之前，中方老师上的中文课程和美方老师上的英语课程同时存在。高二开始，所有课程都由美方老师英文授课，也开设了规范的AP课程。

郝若尘最初并不适应，美国老师讲的课程听不太懂。第一堂课下来，几个同学还得讨论老师课堂上到底留的什么作业。第一个学期期中考试，郝若尘考得并不理想，两个国际班的排名中上游。"我母亲开完家长会回来，与我进行了一次深入地交流与沟通，分析了目前我存在的问题。"那之后，他开始努力，"高一、高二睡觉都没做过梦"。

在国际班，学生们的压力特别大。高一会考之前，中方和美方老师同时授课，像生物之类的课程，同时都要学。"中美方老师讲课有很大不同。美方老师教学注重理解，学生可以把课本当作一本故事书去读几遍，不用做作业，其考试考的是你对内容的理解，出题方式很直接。中方老师教学需要学生大量的背诵，考试试题也要绕很多弯。"

郝若尘高一下学期成绩就上去了，两个国际班成绩排在第三，而且延续到高中毕业，号称"千年老三"，是当之无愧的学霸。他学东西高效而巧妙。"我放学不会把课本带回家，因为课本实在太沉了。"他的知识都是在课堂上掌握的，回家之后做的都是自己喜欢的事。

高一会考之后，国际班的课程就都由美国老师授课。郝若尘最喜欢的是两位物理老师。一位叫兰德斯，刚刚大学毕业的小伙子，阳光、帅气，充满激情。"他从淘宝上买配件，改装了一辆摩托车。"所有学生都很喜欢他。

另一位叫李普曼，是个60岁左右的老头儿，以前在美国大学做教授。"可能是习惯了大学的教学方式，学生们普遍认为他的教学方式过于艰深、生硬，不够柔和。"但郝若尘很喜欢跟他交流。

郝若尘有个习惯，每个学期新的老师一出现，只要他对那门课程感兴趣，就会在下课的时候冲过去，找老师聊聊。郝若尘用这种方法和很多老师混熟了。他就是这么了解李普曼的。"李普曼是位研究型的老师，知识非常渊博。他采取的纲领性讲解和引导式的授课方式，更多地需要学生自己思考和总结知识和内容。很多同学没有自主学习意

李普曼是位研究型的老师，知识非常渊博。他采取的纲领性讲解和引导式的授课方式，更多地需要学生自己思考和总结知识和内容。很多同学没有自主学习意识，老等着老师填鸭子似的喂他。

识，老等着老师填鸭子似的喂他。"

　　郝若尘觉得李普曼做的事情都特别有创造力。"他什么事情都要去尝试一下、玩一下。"李普曼曾经只花了70美元就做过一个和万能探测器一样的装置，用手机连接这个装置就能探测空气中二氧化氮的浓度，还能测出雾霾的程度。李普曼给了郝若尘一种强烈的意识：科学研究没有团队，没有大量资金和人，也能成功。

　　李普曼在郝若尘开始进行蝙蝠项目的研究之前就离开中国了，但在敢于尝试自己的想法上，他还是激励了郝若尘。

　　国际班的学生有大量的时间参加自己喜欢的活动。郝若尘参加了创新思维大赛（DI）社团，第一次获得了国赛三等奖，第二次直接参加亚太赛区并拿了二等奖。他还参加了微电影社团，自己还组建了一个蒲公英公益社团，假期带着同学一起去西藏支教，为当地的孩子们捐书设立图书角。

　　郝若尘在学校的科技辅导老师那里发现了山东建筑大学物理系庄桥的联系方式。于是他追随着自己多年的兴趣，开始跟着庄桥研究蝙蝠。每周有几天的下午，他都会坐将近两个小时的公交车，从学校赶往实验室。虽然有时会耽误学校课程，但他还是考了物理第一名。这应验了一句话——兴趣是最好的老师。

一不小心成了"世界第一人"

2014年4月，在打印出蝙蝠头部和耳朵模型之后，郝若尘开始用模型从事研究。他想通过实验验证一个假设——蝙蝠收声有极强的方向性。他之前看的《黑暗中聆听》那本书里就提到过这个观点，但从来没有人通过实验验证过。

郝若尘设计了一个耳内置有超声波探头的蝙蝠头部接收声信号实验。他在蝙蝠头部模型的两只耳朵底部各钻一圆孔，使圆孔正好穿过耳道，将两个超声波探头分别置于两只耳朵的钻孔处。两个超声波探头分别通过数字采集电路模块，由蝙蝠头部底端发出并连接至示波器和电脑，以便能显示和记录耳朵接收到的超声波信号。在蝙蝠头部模型前方30厘米的地方，他设置了一个超声波发射器，其不断地发出超声波信号。他使用了60千赫兹（kHz）和80千赫兹（kHz）两种频率，通过水平方向旋转的蝙蝠头部模型得到在水平方向某一位置接收到的超声波信号，在这一位置处再通过仰角方向旋转蝙蝠头，得到仰角方向这一位置的超声波信号，这样就可以得到耳朵在整个空间接收声信号的分布。

他将蝙蝠头部耳朵内超声波探头接收到的声信号记录下来，多次测量以减小误差，再通过计算机分析实验数据，得到蝙蝠耳朵对空间不同方位的声信号接收幅度三维声场分布图。

2014年5月中旬开始，他就一直在不断地实验，修正、完善数据。数据量非常大，他几乎每天都把自己关在实验室里。"因为数据不可能一下子全部处理完，每个数据我都要测三遍，这样才能保证整个仪器在每个角度不出现错误，测三遍后，然后再取个平均值。"

郝若尘通过实验得出了结论——蝙蝠耳朵对空间中的声信号接收具有方向性，且其在某一特定方向上接收到的超声波信号具有最大的声压幅度。"这就解释了为什么蝙蝠在探究环境的时候，一直摇摆它们的脑袋，或者直接变形它们的耳朵。它们通过这两种方式最大程度地改变方向，并通过接收的声音的声压幅度和到达时间差来判断目标的空间距离和具体方位，从而实现精准的回声定位。"

2014年，郝若尘用他的研究结果申报了"明天小小科学家"。2014年10月，比赛结果公布，他获得了第14届明天小小科学家二等奖。2014年12月，他又入围了Intel ISEF冬令营。

郝若尘的项目，当时并不被人看好。"评委里有力学教授，也有光学教授，他们看了我的展板。我问有什么需要解释的吗，他们只问了几个问题就离开了。"郝若尘所在的物理跟数学组有三个评委，主评委是复旦大学研究光学的一位教授，他当时说了一段话令郝若尘现在还记忆犹新，"别研究声学了，研究光学吧，其实现在光学领域也有很多突破，更加前途无量"。但是郝若尘心里有自己的想法，"我觉得领域之间没法比较"。

最终，郝若尘还是拿到了Intel ISEF的入场券，离Intel ISEF只有一步之遥。

得了一个奖，命名了一颗星

在相当长的时间里，无论中国的应试教育，还是欧美的精英教育，多在培养"优秀的绵羊"和"精致的利己主义者"。那些孩子都是一个样子，成绩优秀，有着近乎完美的GPA、托福或者SAT成绩。他们能够演奏各种乐器和参加各种大大小小的社团。为了进入名校，他们自己和父母都想尽办法。他们多数人都选择了经济学、金融学、法学作为自己的专业。他们都把勤奋、聪慧、精力贡献给了财富、资历、声誉。他们中的很多人都是因为父母或者世俗的偏见做出了自己的人生选择，但他们其实不愿意屈就于自己不喜欢的专业、职业，但同时又一直找不到自己的挚爱。他们也只是看似成功，实则内心充满着困惑和不安。

对郝若尘这些能够参加Intel ISEF的孩子来讲，他们是极少数能够跳出这个"怪圈"的人。他们一直在追寻自己真正喜欢的东西。他们的所有选择都是追寻内心深处的声音而不是因为父母或者某个教授的偏见，也不会在乎到底哪个领域更容易出成果。那在他们看来，都是相当荒诞的。

2015年5月，郝若尘在参加Intel ISEF之前就已经拿到了美国7所名校的offer，他最终选择了杜克大学，"因为杜克大学有很大的一片森林，我觉得在那里做蝙蝠研究会很不错"。

郝若尘并没有把是否在Intel ISEF上获奖看得非常重要。那届Intel ISEF的承办地是匹斯堡。在匹斯堡待的几天完全是像坐过山车，紧张而刺激。同行小伙伴的行李没有按时到达，耽误了所有中国选手的布展。到达匹斯堡的第二天早晨，郝若尘要先带着组内其他英语不太流利的小伙伴去吃早餐，然后冲到考点去参加力学和电磁学的AP考试，晚上才能回到展馆布展。展板是在去美国前一天才打印出来的，密密麻麻地填满了实验信息。郝若尘回忆："当我听北京选手说，北京科协已经组织他们培训了多次、模拟训练了多次时，我还是有些忐忑了。与他们相比，我没有接受这方面的培训，也没有人告诉我具体注意些什么。"

比赛时，郝若尘的展位在展馆西南一个偏僻的角落，第一天几乎没有什么人来他的展位前。一个评委曾跟他开玩笑说："Why god put you in such corner？"（为什么上帝会把你放在这么一个可怜的位置？）不过那个位置还是给他带来了好运气。评审项目当天10个评委陆续地去了他的展台，其中有七八个评委都夸他展板做得非常好，"设计非常新颖，信息量非常大"。一个评委说自己前一天晚上就在郝若尘的展板前详细看过了他的项目资料，而且是来来回回读了4遍，依然没太搞懂，需要他本人更详细地解释。

有个评委问郝若尘："蝙蝠的目标识别到底有多强？"有个评委挺喜欢开玩笑，跟了一句："母蝙蝠在山洞里能知道她老公的位置么？"郝若尘回答："当然能了。我们平时用的无线电，在一个房间里弄两个混杂的信号，就已经听不清楚了。成百只蝙蝠待在一个非常小的山洞里，都是用超声波把对方辨析清楚的，没有一个撞头上的。"评委问，这是为什么。郝若尘解释了蝙蝠波谱中的一些小瑕疵，其实就是这些小瑕疵起到了可识别对方的作用。

还有评委问郝若尘是否知道相控阵雷达。那是一种广泛应用在军用飞机上的雷达。郝若尘曾经听庄桥教授提起过，那种雷达是由多根天线组成，工作原理和郝若尘的研究并没有相关性。虽然郝若尘所做的研究最大的应用方向是智能雷达，但智能雷达到目前为止还仅仅是个概念。一个评委直接跟郝若尘说："如果你想继续在这个领域发展，会需要很多资金，你应该去找军方，他们一定会爱死你这个项目。"

军方是不是对郝若尘的项目感兴趣，还不好说，但评委们显然对郝若尘的研究成果都很认可。郝若尘最终拿到了2015年第66届Intel ISEF物理与天文学科的最佳奖，这也是中国选手第一次在这个学科上拿到的最高奖项，也正是因为这次参赛的突出表现，他成为了第一位受邀加入美国声学协会的中国高中生。

在颁奖典礼上，郝若尘听到颁奖台上主持人喊出他的名字时，他快步跑向领奖台。随后，他给自己的母亲打了个电话，分享他的喜悦。他的母亲非常平静，因为她已经习惯儿子得奖，也没有意识到这个奖项的含金量有多高。

郝若尘返回山东济南时，天上已经有了一颗以他名字命名的小行星。同时，2015年12月，郝若尘作为中国科协唯一受邀的学生参加了2015年诺贝尔颁奖典礼、诺贝尔晚宴、诺贝尔媒体接待会等重要活动。他有幸向多位诺奖得主学习，和近千名瑞典高中生分享了自己的科研经历，并与全球其他20余位杰出的青年科学家建立了深厚的友谊。目前，他已经开始了在美国麻省理工学院的大二生活，等待他的将是充满着无限可能的未来。

寻回失去的自己

你是从什么时候开始丢掉自己好奇心的？这是我们在采访大人们时偶尔问到的问题。

有人半开玩笑地说："进入学校以后。"

2014年夏天，我有幸受英特尔教育项目和人大附中的邀请，给人大附中培优班高中部的学生进行了一堂创新和创业的教学。此次教学采纳了英特尔创新教育计划开创的一种非常有趣的接力式教学模式，每位导师会根据自己的特点结合教学目的组织课堂内容，有的侧重科普和实践，有的侧重理论讲解，而被Intel ISEF洗礼的我完成了一堂完整的AP课程。

完全采用高密度、开放性交流的大学教

学方式的效果如何，我心里完全没有底。创业的前提需要弄清楚经济学的基础原理，比如，如何定价，如何进行市场调研、营销和财务管理等。我的这堂课不仅有高等数学求导的过程，而且有模拟实际环境进行商业计划的课堂讨论，教学难度特别高，然而效果却出人意料地好。全班12名同学完成了经济学基础理论的学习，更有一两个相对比较成熟的商业计划用在了实际生活中。

这些孩子和Intel ISEF的参赛选手一样，有了家长和老师的保护，有了企业、社会组织及商业机构等社会力量的支持，才有机会保持学习兴趣和思考的习惯。正如前言所讲，大部分受访学生都是智商中上的普通人，但良好的教育环境成为他们热衷创新的最关键因素。

并非所有孩子都有机会参加Intel ISEF，但如何让他们保持一颗好奇心，我们可以尽绵薄之力，这也是此书的目的之一。只要有大家的参与，"少数派"也可以变成"多数派"。

就现在，一切都不晚。

最后，我和蒋明倬老师要诚挚地感谢每一位受访的学生、家长、辅导老师、Intel ISEF志愿者、学校及中国科协等力量的参与，尤其要感谢英特尔公司对本书的大力支持，因为许多采访素材和受访者都是英特尔教育团队提供的。我的前同事朱文利、秦莉女士将自己职业生涯里的大部分时间都贡献给中国的教育事业，对包括Intel ISEF在内的大量创新教育项目费尽心力，而乐此不疲，对此我们表示崇高的敬意。

愿每位少年都能保持初心，活出真的自我。